PROF
Collection

MW01275519

TESTEZ
VOS CONNAISSANCES
EN VOCABULAIRE

JEAN-PIERRE COLIGNON

HATIER

Ce livre propose aux lecteurs 200 questions, groupées en quatre chapitres de difficulté croissante. Chaque question est suivie d'au moins trois propositions : A, B, C... Il suffira au lecteur d'entourer au crayon, à chaque fois, la (ou les) lettre(s) qui lui semble(nt) correspondre aux bonnes définitions, puis de se reporter, en fin de volume, aux réponses.

ISBN 2-218-04722-5

AVANT-PROPOS

Ce modeste ouvrage, conçu dans l'esprit de la formation permanente, s'adresse non seulement aux lycéens et aux étudiants, mais aussi à tous les lecteurs soucieux de contrôler leur connaissance du vocabulaire contemporain, de perfectionner leur maniement de la langue de « tous les jours », du français « vivant ».

Ce français moderne est atteint de « néologite » aiguë - souvent justifiée par la nécessaire création de termes scientifiques, techniques, économiques... Entre le moment où les néologismes sont utilisés uniquement par des spécialistes et cités par des journalistes et celui où - une fois leur entrée dans le langage courant ratifiée par l'usage général - ils sont recueillis et adoptés par les dictionnaires s'écoule une période où le lecteur moyen s'interroge sur la signification exacte de tel terme nouvellement fabriqué, sur le sens nouveau d'un vocable. Cette situation se prolonge tant que le néologisme n'est pas vulgarisé.

Sans référence précise à cet instant, le lecteur peut alors se méprendre sur l'acception du mot ou de l'expression, ou bien demeurer perplexe quant au sens d'une phrase. La paronymie et l'existence de « faux amis » peuvent en outre induire en erreur.

Nous proposons donc à nos lecteurs de vérifier, par le jeu des questions et des réponses, s'ils connaissent bien le(s) sens de tel mot « dans le vent », de tel vocable emprunté à une langue étrangère et « francisé » par l'usage. Le corrigé leur apporte non pas une réponse sèche, mais aussi, souvent, l'étymologie du mot, la date de son apparition (d'après les travaux de datation lexicologiques connus de nous), son (ses) acception(s) et des citations ou exemples pris dans la presse - principalement dans *Le Monde*.

Notre but n'est pas de proposer aux lecteurs des termes rares, obsolètes, ésotériques, ou des mots présentant des singularités ou des difficultés orthographiques et phonétiques. Les vocables recueillis ici en tant que « nouveautés » ont été retenus en raison de la fréquence de leur emploi dans la presse et autres médias.

Le règne despotique de l'anglais en des domaines tels que l'informatique, la publicité, l'économie, nous a imposé de citer de nombreux emprunts, inéluctablement plébiscités par le langage courant (qu'Étiemble nous pardonne !). Lorsqu'une graphie préconisée par l'Académie ou par l'Administration s'oppose au terme « franglais » actuellement adopté par le français contemporain, nous avons cité les deux formes. Nous faisons figurer également, aux côtés des néologismes obtenus par dérivation « propre », des termes nés d'une dérivation impropre (par exemple, adjectifs transformés en substantifs), ceux remis à la mode par un néologisme de signification, ainsi que des mots composés et des groupes de mots figés (ou « syntagmes »), dont la multiplication est une des caractéristiques du français contemporain.

Lorsque vous pourrez répondre de façon correcte aux deux cents questions, peut-être vous apercevrez-vous que - en même temps que vous n'avez plus de doutes sur la signification d'un mot - vous n'avez plus d'hésitation quant à son orthographe. Résultat annexe, mais non négligeable...

J.-P. C.

Ce petit livre ne serait pas ce qu'il est sans les précieux conseils de notre ami P.-V. Berthier. Qu'il en soit sincèrement remercié ici.

1. Qu'est-ce que le *kit ?* : A. Un ensemble d'éléments préfabriqués à monter soi-même ? - B. Un certain savoir-faire ? - C. Une machine utilisée en métallurgie ?

2. Qu'est-ce qu'un *caddie ?* : A. Un juge musulman ? - B. Un petit chariot ? - C. Le nom ancien du litre, remis à la mode par les viticulteurs ? - D. Un nouveau tissu ?

3. Une *dramatique* est-elle : A. Une pièce (ou un film) télévisée ? - B. Une école de théâtre ? - C. Un vêtement sacerdotal moderne ?

4. Qu'est le *vide sanitaire ?* : A. Un lieu de quarantaine ? - B. Un procédé d'asepsie opératoire ? - C. Un espace creux sous une construction ?

5. Un *disc-jockey* (ou *disk-jockey*) est-il : A. Le disque placé en tête d'un palmarès ? - B. Un animateur d'émission radiophonique ? - C. Un jockey qui « tourne », qui n'est pas attaché à un propriétaire ou à un entraîneur ?

6. Un « *smicard* » est-il : A. Une sorte de camion ? - B. Un salarié ne percevant qu'un salaire minimum ? - C. Une carte d'abonnement à tarif réduit permettant de voyager en Europe ?

7. Qu'est-ce qu'un « *plaisancier* » ? : A. Un membre de la « haute société » ? - B. Une personne qui fait de la navigation de plaisance ? - C. Un artiste de variétés ?

8. Que faut-il entendre par *sophistication ?* : A. Un manque de naturel, de simplicité, une propension à la « complexification » ? - B. Un raisonnement logique en apparence, mais faux en réalité ? - C. Une maladie infectieuse nouvellement apparue ?

9. Qu'est-ce qu'un *jumbo-jet* ? : A. Un chariot utilisé dans le forage des mines ? - B. Un avion de grande capacité ? - C. Un pétrolier de grandes dimensions ?

10. Un *déviant* est-il : A. Un individu qui s'écarte de la norme, qui va au-delà des variations admises dans le cadre d'une société donnée ? - B. Un missile sol-air à la trajectoire complexe ? - C. Une personne tenue pour apte à être médium ?

11. Qu'est-ce qu'une *Z. U. P.* ? : A. Une zone comprenant le territoire de plusieurs États qui ont supprimé entre eux les barrières douanières ? - B. Une habitation à loyer modéré ? - C. Une zone foncière destinée à être urbanisée rapidement ?

12. Que sont les *médias* (ou « *mass media* »)? : A. Des moyens de diffusion de la connaissance, de la culture, de l'information ? - B. Des objets solides se mouvant dans l'espace interstellaire ? - C. Des membranes tapissant les cavités du cœur ?

13. L'*ingénierie* est-elle : A. Un ensemble de fonctions recouvrant la conception, les études ainsi que la construction et le contrôle d'une installation industrielle ? - B. Le nom donné à l'ensemble des cadres techniques formés par des écoles d'État ? - C. Un groupe d'usines ?

14. Désigne-t-on par *play-back* : A. Une présonorisation ? - B. Un « retour en arrière » interrompant la continuité d'une action, d'une histoire ? - C. Une information donnée en exclusivité ?

15. La *maintenance* est-elle : A. Le calcul de la trajectoire d'un véhicule spatial ? - B. L'entretien d'un matériel ? - C. Au plan militaire, l'action de maintenir les effectifs et le matériel d'unités amoindries, éprouvées par des combats ?

16. Le *secteur tertiaire* désigne-t-il : A. L'ensemble des activités de service, et la population active qui y travaille ? - B. La télévision - par opposition à la presse écrite et à la radio ? - C. L'ensemble des fonctionnaires ?

6

17. Un *hit-parade* est-il : A. Une sorte de publication consacrée aux variétés ? - B. Un classement de productions artistiques ? - C. Des manœuvres militaires à l'échelon européen ?

18. Qu'est-ce qu'un *campus ?* : A. Un temps de repos accordé aux ouvriers au cours de la journée ? - B. Un terrain réservé aux caravaniers ? - C. Un ensemble universitaire ?

19. L'adjectif *carcéral* s'applique-t-il : A. Au théâtre ? - B. Aux nerfs du système sympathique ? - C. Au milieu pénitentiaire ?

20. Un *O. V. N. I.* (ou *ovni*) désigne-t-il : A. Une station spatiale inhabitée ? - B. Un objet volant dont l'origine n'est pas connue ? - C. Un satellite qui a échappé au contrôle de la base de lancement ?

21. Un *flash* est-il : A. Une information importante diffusée en priorité ? - B. Un message publicitaire ? - C. Un coup d'État militaire ?

22. Un *motel* est-il : A. Un navire-citerne ? - B. Un hôtel conçu à l'intention des voyageurs circulant en automobile ? - C. Un produit apte à fournir l'énergie de propulsion d'une fusée ?

23. Qu'est-ce qu'un *débatteur* (ou *debater*) ? : A. Un engin de terrassement ? - B. Un dispositif destiné à refouler les fumées ? - C. Un orateur subtil et habile ?

24. Un *duplex* est-il : A. Un appartement à deux niveaux ? - B. Un système établissant une transmission dans les deux sens ? - C. Un amplificateur branché sur un micro ?

25. L'*élitisme* désigne-t-il : A. Un alcoolisme chronique ? - B. Un système privilégiant les meilleurs au détriment de la masse ? - C. Un usage excessif des élections ?

26. Qu'entend-on par un *putsch ?* : A. Une rétrofusée ? - B. Une sorte de palet utilisé dans le hockey sur glace ? - C. Un coup d'État, organisé par des éléments militarisés ?

27. La *négritude* est-elle : A. Les caractères propres aux personnes de race noire ? - B. Un synonyme d'*esclavage* ? - C. Une musique traditionnelle des Noirs américains ?

28. *Materner* signifie-t-il : A. Entourer, envelopper de soins exagérés ? - B. Pour une mère, favoriser en toute occasion et par tout moyen le développement normal de ses enfants ? - C. Produire des moules métalliques destinés à reproduire des objets ?

29. Un *long-courrier* est-il : A. Un courrier à distribution non urgente ? - B. Un bateau de pêche effectuant des campagnes en haute mer ? - C. Un avion ou un navire couvrant de longues distances ?

30. Que faut-il entendre par *kitchenette ?* : A. En boxe, un coup provoquant une mise hors de combat ? - B. Une cuisine de dimensions très réduites ? - C. Une « œuvre d'art » d'un style « rétro » ?

31. Qu'est-ce qu'une *gérontocratie ?* : A. Un État où les affaires de gouvernement sont monopolisées par les classes possédantes ? - B. Le régime d'un pays dirigé par des vieillards ? - C. Un spectacle traditionnel en Asie, où tous les rôles sont interprétés par des hommes ?

32. La *fiabilité* désigne-t-elle : A. La sûreté, la sécurité, que l'on accorde à un appareil, à un circuit électronique, etc. ? - B. L'ensemble des travaux destinés à rendre constructible un terrain ? - C. L'ensemble des activités ayant pour objet la conception de calculateurs électroniques ?

33. Un *toboggan* est-il : A. Une rampe de lancement de fusée ? - B. Un aérodrome installé en montagne ? - C. Une voie surélevée permettant aux véhicules de franchir un carrefour ?

34. Une « *fourchette* » désigne-t-elle : A. Un carrefour important ? - B. En statistiques, l'écart entre deux chiffres, deux pourcentages, exprimant une estimation, une évaluation ? - C. La chronologie de lancement d'un engin spatial ?

35. Un *organigramme* est-il : A. La représentation de la structure d'une organisation ? - B. Un examen radioscopique complet ? - C. Un régime établi par un diététicien ?

36. La *crédibilité* est-elle le nom donné à : A. La totalité des crédits pouvant être accordés par les banques nationalisées ? - B. Un système de location-vente ? - C. L'ensemble des faits pouvant rendre vraisemblable une chose ?

37. Ce qui est *conventionné* est-il : A. Artificiel, surfait, affecté ? - B. Lié à la Sécurité sociale par des accords portant sur les tarifs ? - C. Relatif à certaines communautés religieuses ?

38. Un *infarctus* est-il : A. Une lésion des tissus due à un trouble circulatoire ? - B. La violation d'un traité ? - C. Un ensemble de documents servant à l'étude d'un phénomène ?

39. Qu'appelle-t-on une *multinationale* ? : A. Une épreuve sportive se courant sur le territoire de plusieurs pays ? - B. Une société savante répandue dans le monde entier ? - C. Un groupe industriel dont les activités se répartissent entre plusieurs États ?

40. L'*électoralisme* est-il : A. L'ensemble des électeurs d'un parti ou d'un pays ? - B. Une méthode consistant à privilégier, pour un parti ou un homme politique, les considérations électorales avant tout autre élément ? - C. La qualité attachée à une fonction élective ?

41. Le *jumelage* est-il : A. L'association de deux villes désirant procéder à des échanges culturels ? - B. L'opération d'approche, dans l'espace, de deux vaisseaux spatiaux ? - C. L'appareillage permettant de commander l'orientation d'un satellite ?

42. Qu'est-ce que l'*activisme ?* : A. Une fébrilité maladive ? - B. Un militantisme actif au service d'une doctrine, souvent extrémiste ? - C. La radio-activité dégagée par un métal ?

43. Un *échangeur* est-il : A. Un système de raccordement entre une ou plusieurs autoroutes et des routes ? - B. Un vaisseau spatial destiné à passer d'une orbite circulaire à une autre ? - C. Un propulseur s'adaptant à différents carburants ?

44. Un *squatter* est-il : A. Un navire transbordeur ? - B. Une personne sans abri qui s'empare elle-même d'un local inoccupé ? - C. L'ensemble des cadres supérieurs d'une entreprise ?

45. L'*apartheid* est-il : A. Une ségrégation raciale ? - B. La division administrative d'un État ? - C. Un style artistique marginal ?

46. Que sont, en art moderne, les *mobiles ?* : A. Des motifs de peinture abstraite ? - B. Des décors de théâtre ? - C. Des éléments mobiles de sculpture ?

47. Un *restauroute* [ou *restoroute*] est-il : A. Un restaurant établi sur une autoroute ? - B. Une sorte de voie rapide ? - C. La trajectoire suivie par un véhicule spatial destiné au ravitaillement d'autres engins ?

48. L'*immunologie* est-elle : A. Un privilège accordé aux députés et aux sénateurs ? - B. Une école de linguistique ? - C. La partie de la médecine traitant de la résistance des organismes aux toxines et aux microbes ?

49. Un *profil* est-il : A. En psychologie, une courbe obtenue en confrontant les résultats des tests passés par un individu ? - B. Une orbite à l'inclinaison très faible ? - C. Un appareil enregistrant l'ordre d'arrivée des concurrents d'une course ?

50. Un *séminaire* est-il : A. Un ensemble de tests établi par un psychotechnicien ? - B. Militairement parlant, un lieu neutre où aucun des adversaires ne peut porter ses attaques ? - C. Une réunion de travail de cadres, de techniciens, etc. ?

51. Une *action ponctuelle* est-elle : A. Une entreprise ne visant qu'un objectif limité, isolé ? - B. Une méthode picturale proche du pointillisme ? - C. Une action au porteur qui ne peut être achetée à l'unité ?

52. Qu'est-ce que le *« jogging »* ? : A. Une espèce de pelote basque jouée avec des raquettes ? - B. Un groupe d'entreprises de même nature ? - C. Une sorte de footing ?

53. Qu'est-ce qu'un (ou une) *fanzine* ? : A. Un hydrocarbure volatil extrait des goudrons de houille ? - B. Une petite revue publiée par des jeunes ? - C. Une substance organique soluble ?

54. Un *bouteur* est-il : A. Un joueur appartenant à une équipe de hockey sur glace ? - B. Un bateau à moteur ? - C. Un engin de terrassement ?

55. L'*establishment* est-il : A. La classe sociale qui détient les postes-clés dans un pays ? - B. Une université réservée aux étudiants dont le quotient intellectuel est très supérieur à la moyenne ? - C. L'ensemble des banques du secteur privé ?

56. La Société nationale des chemins de fer français a placardé dans les gares une affiche proclamant : « La neige, *tout schuss* par le train ». Ce *tout schuss* veut-il dire : A. En grand confort ? - B. Avec un billet à tarif réduit ? - C. Tout droit, et rapidement ?

57. Qu'est-ce qu'un *exajoule* ? : A. Une mesure usitée en électricité ? - B. Un spectre hallucinatoire ? - C. Un cyclone tropical ?

58. Par *aggiornamento*, doit-on entendre : A. Une pleine lumière ? - B. Une mise (ou remise) à jour ? - C. Un ajournement ?

59. L'*extrusion* est-elle : A. Le filage à chaud de divers métaux ? - B. Un procédé de fabrication en continu des matières plastiques ? - C. Un procédé de fabrication à froid de pièces métalliques ?

60. *Éradiquer*, est-ce : A. Soigner à l'aide du radium (terme de radiothérapie) ? - B. Extirper comme on arrache une racine (terme de chirurgie, d'écologie, utilisé aussi dans un sens abstrait) ? - C. Éclaircir comme on le fait d'une planche de radis (terme de jardinage) ?

61. Un *libéro* est-il : A. Un partisan du libéralisme ? - B. Un guérillero sud-américain ? - C. Un joueur de football ?

62. Qu'est-ce qu'une *SAFER ?* : A. Une société anonyme s'occupant de métallurgie ? - B. Une zone à construire en priorité ? - C. Une société d'aménagement foncier ?

63. Un *sonar* est-il : A. Un appareil électronique utilisé en phonologie ? - B. Un appareil de détection fondé sur les ultrasons ? - C. Un ensemble d'installations servant à sonoriser un lieu ?

64. Qu'est-ce qu'un « *boodie* » ? : A. Un véhicule tout-terrain ? - B. Une pièce de fourrure ? - C. Un « nouveau philosophe » ?

65. Les *rushes* sont-ils : A. Des films avant montage ? - B. Des courses d'obstacles, aux Jeux olympiques ? - C. Des voitures de formule I ?

66. Que signifie l'expression « *off shore* » ? : A. Est-ce le nom donné au comédien de cinéma dont la voix est perçue, mais qui demeure absent de l'écran ? - B. Est-ce une locution « dans le vent », équivalant à un acquiescement ? - C. Désigne-t-elle la partie de l'industrie du pétrole concernant l'exploitation de gisements sous-marins ?

67. Un *consensus* est-il : A. Un ensemble de documents servant de base à la description d'un phénomène ? - B. Un accord entre plusieurs personnes, plusieurs partis, etc. ? - C. Un article restrictif introduit dans un traité, une loi, un testament ?

68. Un *charter* est-il : A. Un tracteur équipé d'une pelleteuse ? - B. Un élève de l'École des chartes ? - C. Un avion affrété par un groupe de personnes ou par une compagnie de tourisme ?

69. Qu'est-ce qu'un *« faucon » ?* : A. Le nom donné à un missile air-air ? - B. En politique, un partisan de la « manière forte », de la guerre ? - C. Une chanson à succès ?

70. Un *coopérant* est-il : A. L'assistant d'un chirurgien ? - B. Un corps chimique présentant des affinités pour l'eau ? - C. Un volontaire effectuant une sorte de service civil dans un pays étranger ?

71. Qu'est-ce qu'une voiture *banalisée ?* : A. Un véhicule (de police) dont on a supprimé tous les caractères distinctifs ? - B. Une voiture des Ponts et Chaussées indiquant le tracé d'une voie de déviation ? - C. Une voiture de course dont la vitesse maximale a été réduite ?

72. Un *spot* est-il : A. Un groupe de parachutistes transportés par un même avion ? - B. Le nom donné à la pellicule avant montage d'un film ? - C. Un film publicitaire de brève durée ?

73. Qu'appelle-t-on *aromathérapie ?* : A. L'élimination des vilaines odeurs corporelles ? - B. Le traitement des maladies de peau aux célèbres bains d'Aroma ? - C. L'emploi, en médecine, des huiles essentielles végétales ?

74. Appelle-t-on *buggie* : A. Un système de suspension ferroviaire ? - B. Une danse moderne ? - C. Une poussette d'enfant ?

75. Un *arboretum* est-il : A. Un musée historique où sont exposés des oriflammes, des drapeaux et des blasons ? - B. Un médicament utilisé en homéopathie ? - C. Un parc planté destiné à l'étude du développement des arbres ?

76. Un *thriller* est-il : A. Un livre ou un film à suspense ? - B. Un engin utilisé au cours d'opérations de raffinage ? - C. Un appareil servant à débarrasser le blé des mauvaises graines ?

77. Un *hoverport* est-il : A. Un port franc, où il n'y a pas de douanes ? - B. Un port destiné à accueillir les aéroglisseurs ? - C. Un aérodrome aménagé en montagne ?

78. Un (ou une) *holding* est-il : A. Une sorte de bande magnétique ? - B. Une société anonyme ? - C. Un spectacle où les spectateurs sont également acteurs ?

79. Un *oligo-élément* est-il : A. Une substance indispensable, en très petite quantité, à l'organisme vivant ? - B. Un dérivé du pétrole ? - C. Une particule voisine du neutron ?

80. Qu'est-ce qu'un *radôme ?* : A. Une tumeur bénigne ? - B. Une sphère en plastique protégeant une antenne radar ? - C. Une embarcation de sauvetage ?

81. Qu'entend-on par *mégalopole ?* : A. Un individu atteint de troubles mentaux ? - B. Une très grande ville ? - C. Un navire-citerne de grande taille ?

82. Le *hardware* est-il : A. L'ensemble des éléments matériels d'un ordinateur ? - B. Une opération de prospection ? - C. Un équipement de terrassement ?

83. Une *O. P. A.* est-elle : A. Une mobilisation partielle ? - B. À la Bourse, une offre publique d'achat ? - C. Une forme de société à responsabilité limitée ?

84. Le *kitsch* est-il : A. Le nom donné à un tour de main, à un certain savoir-faire ? - B. Une sorte de canot de sauvetage ? - C. Un terme d'art contemporain ?

85. Une *mezzanine* est-elle : A. Une espèce de bungalow ? - B. Une substance chimique ? - C. Un niveau supérieur, un petit étage ?

86. Qu'est-ce qu'un *microclimat ?* : A. L'ensemble des conditions atmosphériques propres à un territoire de faible étendue ? - B. Le nom donné à la masse de vibrations sonores recueillies par un micro et transformées en oscillations électriques ? - C. Une sorte de bouillon de culture ?

87. Qu'entend-on par *leasing ?* : A. Un jeu de hasard ? - B. La conception esthétique d'objets ? - C. Un procédé de location-vente ?

88. Une *implosion* est-elle : A. Un groupe d'oscillations à très haute fréquence ? - B. L'irruption rapide d'un fluide ? - C. Une contribution payée par certaines professions libérales ?

89. L'adjectif *biodégradable* s'applique-t-il : A. À un produit qui, laissé à l'abandon, est détruit par des bactéries ? - B. À des caméras dont les lentilles s'obscurcissent méthodiquement et insensiblement ? - C. À une peinture dont le coloris varie selon la luminosité ?

90. Qu'est-ce qu'un *cariste ?* : A. Un prothésiste dentaire ? - B. Un conducteur de chariot ? - C. Un agent de change ?

91. Un *antitussif* est-il : A. Un médicament propre à combattre la toux ? - B. Une rétrofusée ? - C. Un engin automoteur ?

92. Qu'est-ce qu'un *moratoire ?* : A. Un hospice de vieillards ? - B. Une décision légale qui suspend l'exécution de certaines obligations ? - C. Une société immobilière ?

93. Un *panel* est-il : A. Un échantillon de population pris afin de réaliser un sondage ? - B. Un groupe de personnes réunies pour effectuer une étude ou débattre sur un sujet ? - C. Un ensemble d'éléments d'identification ?

94. Qu'est-ce qu'un *check-up ?* : A. Un chèque valable dans le monde entier ? - B. Une machine prélevant des échantillons de terrain ? - C. Un examen médical complet ?

95. Une *ludothèque* est-elle : A. Un lieu où des jeux de société et des jouets sont mis à la disposition des enfants ? - B. Une méthode thérapeutique ? - C. Un ensemble de musicassettes ?

96. Qu'est-ce qu'un *clivage ?* : A. L'usage restreint d'une chose ? - B. Un genre d'hameçon ? - C. Une dénivellation ?

97. Dans la vie courante, qu'entend-on par *coordonnées ?* : A. Des facteurs de désordre ? - B. Des éléments d'identification ? - C. Des vérités élémentaires ?

98. Que veut dire *homogénétique ?* : A. Qui concerne la génétique humaine ? - B. Qui risque de tuer les gènes ? - C. Qui a trait au croisement de variétés analogues ou compatibles ?

99. Qu'est-ce qu'un *pousseur ?* : A. Un employé chargé d'expulser, dans des lieux de spectacles, les perturbateurs ? - B. Un bateau à moteur poussant des chalands ? - C. Un engrais très actif ?

100. Que sont les « *lignards* » ? : A. Des ouvriers qui réparent les lignes à haute tension ? - B. Des journalistes payés à la ligne ? - C. Des combustibles minéraux ayant l'aspect du bois fossile ?

Questions nᵒˢ 101 à 150 ⟨3⟩

101. Qu'appelle-t-on aujourd'hui, dans la presse, le *système fac-similé* ? : A. Une photocopie d'exemplaires à l'usage des lecteurs qui la demandent ou à celui du service des archives ? - B. Une transmission de ville à ville, avec ou sans fil, des pages composées, pour les imprimer loin du lieu de rédaction ? - C. Une forme de la liaison Université-industrie consistant en la collaboration entre les journaux et les « facs » (facultés) ?

102. Un *défoliant* est-il : A. Un produit chimique qui provoque la destruction des végétaux ? - B. Une drogue hallucinogène ? - C. Un sédatif puissant ?

103. Le *passéisme* désigne-t-il : A. La doctrine de certains « nouveaux philosophes » ? - B. Un attachement excessif au passé ? - C. Un état passif ?

104. Un *psychodrame* est-il : A. Une forme de pièce télévisée en direct ? - B. Une sorte d'opéra moderne ? - C. Un procédé psychanalytique ?

105. Les *dazibaos* sont-ils : A. Des syndicats japonais organisés de façon paramilitaire ? - B. Des journaux muraux ? - C. Des divisions administratives du Vietnam ?

106. Le *cash-flow* est-il : A. En économie, le total des bénéfices d'exploitation et des investissements ? - B. Une prothèse remplaçant totalement un organe ? - C. Une méthode de traitement psychanalytique ?

107. Le *cartiérisme* est-il : A. Un système nouveau de découpage administratif d'une région ? - B. Une doctrine politico-économique prônant une sorte de repliement d'un pays sur lui-même ? - C. Une activité apparue avec le développement de la mécanographie ?

108. Qu'est-ce qu'une *connotation* ? : A. Une double correction d'épreuves d'examen ? - B. Une idée seconde attribuée à un mot, outre sa signification propre ? - C. Le jumelage de deux ordinateurs ?

109. Le *dispatching* est-il : A. Un organisme dont le rôle est de répartir les tâches, d'assurer le bon fonctionnement d'une usine, d'une administration ? - B. L'ensemble des opérations effectuées par une tour de lancement ? - C. Un changement de vitesse automatique ?

110. Qu'est-ce qu'une *diaspora* ? : A. Une sorte de bande magnétique ? - B. Un lieu réservé à une minorité ethnique ? - C. La dispersion des membres d'une communauté ?

111. Le *design* est-il : A. La recherche d'une harmonisation de l'environnement ? - B. Une pratique commerciale consistant à vendre à très bas prix quelques articles promotionnels ? - C. Une étude de marché ?

112. Un *corpus* est-il : A. Un dérivé de l'uranium ? - B. Un ensemble de documents concernant la même matière ? - C. Une université du « troisième âge » ?

113. Une *supérette* est-elle : A. Une vedette lance-torpilles à long rayon d'action ? - B. Un petit supermarché ? - C. Une starlette ayant déjà tourné dans plusieurs films ?

114. Un *symposium* est-il : A. Un congrès, une réunion ? - B. Une méthode de prévision ? - C. Un métal dérivé du plutonium ?

115. Le *lumpenproletariat* est-il : A. L'ensemble de ce qu'on appelle les « cols blancs », les « employés » ? - B. La catégorie constituée par les ouvriers très qualifiés ? - C. Le sous-prolétariat, la partie la plus misérable du prolétariat ?

116. Qu'entend-on par *collégialité* ? : A. L'ensemble des membres du corps enseignant professant dans un collège ? - B. Une direction composée de plusieurs personnes disposant de pouvoirs égaux ? - C. La réunion de tous les cardinaux ?

117. Le *stress* est-il : A. Un ensemble de perturbations météorologiques ? - B. Un dérèglement métabolique et viscéral provoqué par une agression, un choc, une émotion ? - C. Une annonce publicitaire ?

118. Que veut dire le mot *diglossie ? :* A. Une malformation de la glotte ? - B. Un excès d'appétit ? - C. Un bilinguisme ?

119. Qu'est-ce que la *chronothérapie ? :* A. Une thérapie se fondant sur l'administration de médicaments à des moments préférentiels ? - B. Des soins homéopathiques à base de sels de chrome ? - C. Une association d'antibiotiques ?

120. Un *microprocesseur* est-il : A. Une sorte de microcravate ? - B. Un organe miniaturisé d'un ordinateur ? - C. Un appareil accélérateur analogue au cyclotron ?

121. Qu'entend-on par *déflation ? :* A. L'enlèvement par le vent de matériaux secs ? - B. Une politique économique qui vise à bloquer, à ralentir, la hausse des prix ? - C. Une explosion très violente due à une charge de dynamite ?

122. Qu'est-ce qu'un *brain-trust ? :* A. Un équipement chirurgical de haute technicité ? - B. Une équipe réduite de proches collaborateurs d'un homme d'État, d'un directeur, etc., chargés de préparer des dossiers ? - C. Une société multinationale jouissant d'une situation de monopole ?

123. Un *agriplane* est-il : A. Un véhicule sur coussin d'air destiné à l'épandage ? - B. Un pipe-line spécialisé dans le transport du butane liquide ? - C. Un tapis de paille utilisé dans la pratique de certains sports de combat ?

124. Comment définir le mot *conurbation ?* Est-ce : A. L'ensemble des mesures permettant le développement rationnel des agglomérations ? - B. L'ensemble des transports souterrains et en surface d'une ville ? - C. L'agglomération constituée par plusieurs villes voisines ou par une ville et sa proche banlieue ?

125. La *périnatalité* est-elle : A. Le rapport entre le nombre des naissances normales et le nombre d'enfants mort-nés ? - B. La période qui précède immédiatement la naissance et celle qui suit cette naissance ? - C. Le total des naissances survenant annuellement dans les grandes capitales et leurs banlieues ?

126. Le *magnétoscope* est-il : A. Un instrument de navigation aérienne ? - B. Une variété de radiosonde ? - C. Un appareil d'enregistrement magnétique ?

127. Qu'est-ce que l'*optimalisation* ? : A. L'action de donner à une machine, à une industrie, les moyens d'obtenir leurs rendements maximum ? - B. La recherche d'un monde meilleur ? - C. La mise au point d'une rampe de lancement ?

128. Qu'est-ce qu'un *vraquier* ? : A. Un avion transbordant des voitures automobiles ? - B. Un engin de génie civil servant à creuser des tunnels ? - C. Un navire transportant des produits en vrac ?

129. La *surréservation* est-elle : A. Le fait de réserver des places en nombre supérieur à celui des places offertes ? - B. En psychanalyse, un repli morbide sur soi-même ? - C. Une partie des troupes de réserve, comprenant les hommes âgés de 35 à 45 ans ?

130. Un *adacport* est-il : A. Une hélistation destinée à recevoir les hélicoptères transporteurs de troupes ? - B. Un plan d'eau aménagé pour recevoir des hydravions ? - C. Un aéroport aménagé pour accueillir des avions à décollage court ?

131. Qu'est l'*acculturation* ? : A. La privation de toute culture intellectuelle ? - B. Un phénomène consistant dans la rencontre d'un groupe d'individus avec une culture différente ? - C. L'action, pour des agriculteurs d'une région, de laisser leurs terres à l'abandon ?

132. Qu'est-ce qu'un *shingle* ? : A. Un leitmotiv musical passant à heures fixes sur les stations de radio ? - B. Une planche mince servant à recouvrir les toits ? - C. Un élément en béton ou en terre cuite servant à construire une paroi ?

133. La *clairance* est-elle : A. Un coefficient représentant l'aptitude d'un organe à éliminer d'un fluide de l'organisme une substance déterminée ? - B. L'opération de diminution de la viscosité de certains résidus paraffineux ? - C. Le reflet du « clair de terre » sur la Lune, vu de la Terre ?

134. Qu'est-ce qu'un *aquaplaning* ? : A. Une aire d'atterrissage pour hydravions ? - B. Un procédé d'irrigation ? - C. Un dérapage causé par l'humidité ?

135. La *bionique* est-elle : A. L'étude des solutions proposées par des organismes d'animaux à certains problèmes posés à l'homme ? - B. La science constituée par l'ensemble des théories groupant les études relatives aux communications et à la régulation dans l'être vivant et la machine ? - C. La branche de la biologie relative aux habitats ?

136. Un *énarque* est-il : A. Un fonctionnaire des Communautés européennes ? - B. Un élève ou ancien élève de l'E. N. A. ? - C. Un détecteur miniaturisé sensoriel ?

137. L'*îlotage* est-il : A. L'état d'un sous-prolétariat ? - B. L'insertion de policiers dans un îlot de maisons ? - C. L'accoutumance à une drogue dure ?

138. Qu'est-ce qu'un *tachygraphe* ? : A. Le nom officiel de la « boîte noire » qui permet de contrôler la vitesse des véhicules ? - B. Un émetteur radio très puissant ? - C. Un procédé permettant d'enregistrer sur disque un spectacle sonore et visuel ?

139. Qu'entend-on par *dumping* ? : A. Une pratique commerciale consistant à vendre des marchandises à un prix inférieur au prix de revient ? - B. L'absorption excessive d'amphétamines ? - C. Des épreuves d'équitation ?

140. Que sont les *corticoïdes ?* : A. Des œuvres d'art de style très moderne ? - B. Des produits de synthèse dérivés de la cortisone ? - C. Des bateaux multicoques ?

141. Qu'est-ce que l'*ergothérapie ?* : A. Une partie de l'élevage concernant les volailles ? - B. Une thérapie par le travail ? - C. L'étude de la psychologie des victimes de crimes ?

142. L'adjectif *caritatif* concerne-t-il : A. La charité, en parlant d'associations, d'œuvres ? - B. Des moteurs à explosion ? - C. Un transport par avion à prix réduit ?

143. Qu'est-ce qu'un *sit-in ?* : A. Un avion long-courrier à réaction ? - B. Une manifestation non violente ? - C. Un pré-enregistrement ?

144. L'*intégrisme* est-il : A. Une probité absolue ? - B. L'introduction dans un parti, dans un mouvement, de militants dont le but est de modifier la ligne de l'organisation ? - C. Le refus de certains catholiques d'adapter la doctrine au monde moderne ?

145. Qu'est-ce qu'un *lobby ?* : A. Un « coup », au tennis ? - B. Un groupe de pression ? - C. Un état-major, un ensemble de collaborateurs ?

146. Que signifie l'adjectif *autarcique ?* : A. « Qui se suffit à lui-même » ? - B. « Qui imite les hallucinations produites par les drogues » ? - C. « Qui consiste ou qui tend à prouver » ?

147. Qu'est-ce que la *xénophobie ?* : A. Une affection mentale ? - B. Une violente hostilité à l'égard des étrangers ? - C. Une doctrine révolutionnaire ?

148. Le *malthusianisme* est-il : A. Un ralentissement volontaire de la production ? - B. Une doctrine visant à la limitation des naissances ? - C. Une « fuite des cerveaux » ?

149. Qu'est-ce qu'un *négatoscope ?* : A. Un synonyme récent d'«électron»? - B. Un écran lumineux pour l'examen des radiographies? - C. Un appareil qui sert à amplifier les sons enregistrés sur les disques?

150. Un *nébuliseur* est-il : A. Un ensemble de nuages enroulés en spirale? - B. Un véhicule spatial à moteur? - C. Un vaporisateur projetant de très fines gouttelettes?

151. Qu'est-ce qu'un *idiolecte ?* : A. Une particularité linguistique ? - B. Un déficient mental ? - C. Un manuel d'idéologie ?

152. Faut-il entendre par *terrains d'aventure* : A. Les lieux affectés aux expériences d'« opérations survie » ? - B. Des espaces, aménagés ou non, mis à la disposition des adultes et des enfants, dans les villes ? - C. Les régions du corps où se développent anarchiquement des cellules cancéreuses ?

153. Le *sérialisme* est-il : A. L'opération qui consiste, en informatique, à faire passer une information sous forme parallèle en information sous forme série ? - B. Un procédé d'impression ? - C. Le caractère d'une musique contemporaine ?

154. Que sont les *montants compensatoires monétaires ?* : A. Un ajustement du système des changes ? - B. Des crédits pour les écoles libres ? - C. Des rentrées excédentaires de devises ?

155. Qu'est-ce que le *zéro-pâturage ?* : A. Un élevage dont la pâture est exclue ? - B. Un pâturage où il n'y a plus rien à brouter ? - C. La savane arborée équatoriale (à la latitude zéro) ?

156. Qu'est-ce qu'un *kwic ?* : A. Un son discordant, en musique électronique ? - B. Une drogue à la mode ? - C. Un index perfectionné ?

157. Qu'est-ce qu'un *argologue ?* : A. Un spécialiste de la douleur ? - B. Un spécialiste de la civilisation achéenne ? - C. Un spécialiste de l'argot ?

158. Que veut dire *géostationnaire ?* : A. Qui assure la gestion d'une station thermale ? - B. Qui paraît immobile dans l'espace ? - C. Qui possède des conditions climatiques stables ? - D. Qui a trait aux radars terrestres ?

159. Qu'est-ce qu'un *érinnophile ?* : A. Dans la mythologie, un adorateur des Érinyes ? - B. En entomologie, une mouche se plaisant sur les gazons d'erinus ? - C. Un collectionneur de souvenirs ?

160. En quoi consiste le *samizdat ?* : A. En une sorte de « marché noir » ? - B. En une auto-édition d'œuvres interdites ? - C. En une forme de « développement séparé » de races en conflit vivant sur le même sol ?

161. Une *endorphine* est-elle : A. Une substance chimique somnifère ? - B. Une plante saxatile du genre de l'edelweiss ? - C. Une molécule du cerveau ?

162. Le *quart-monde* est-il le nom donné : A. Au Sud-Est asiatique ? - B. À des personnes particulièrement démunies, tant au plan professionnel qu'au plan culturel, de la santé, etc. ? - C. À l'ensemble des Noirs ?

163. La *convivialité* est-elle : A. Une alacrité communicative ? - B. Un certain art de vivre ensemble ? - C. L'amour des plaisirs de la table ?

164. Qu'est-ce qu'une *diathèque ?* : A. Une sorte d'enzyme ? - B. Le lieu où sont conservées des diapositives ? - C. Une bibliothèque consacrée aux ouvrages traitant des médias ?

165. Une *balkanisation* est-elle : A. Le morcellement d'un pays, d'une région ? - B. L'ensemble des opérations permettant de mettre un puits en production (pétrole) ? - C. Un procédé nouveau d'impression sur soie ?

166. Quel est le sens de l'adjectif *factuel (le) ?* : A. Qui peut être réalisé ? - B. Qui est artificiel ? - C. Qui concerne uniquement les faits ?

167. Qu'est-ce que le *craquage* ? : A. Un procédé thermique ou catalytique de raffinage ? - B. La sélection d'une élite ? - C. Le nom familier donné à l'élevage des chevaux de course ?

168. Qu'appelle-t-on *igame* ? : A. Une personne qui a contracté illégalement plusieurs mariages ? - B. Un corps incombustible ? - C. Un super-préfet ?

169. Qu'entend-on par le mot *quasar* ? : A. Une radiosource d'énergie et de lumière de grande puissance ? - B. Une sorte de canalisation pour le transport des fluides ? - C. Un adepte d'une secte ?

170. Que représente le sigle *P. N. B.* ? : A. L'ensemble de la production globale d'un État et de ses achats à l'étranger ? - B. Une opération boursière portant sur la totalité des valeurs d'un pays ? - C. Le revenu moyen par habitant ?

171. Le *dolorisme* est-il : A. Une philosophie de la souffrance ? - B. Une doctrine économique ? - C. Une pratique bancaire ?

172. Un *scraper* est-il : A. Un véhicule amphibie ? - B. Un avion subsonique ? - C. Un engin de terrassement ?

173. L'adjectif *festif (ve)* s'applique-t-il à : A. Ce qui tient de la fête ? - B. Des cérémonies officielles ? - C. Ce qui concerne la marine nationale ?

174. Que nomme-t-on *futuribles* ? : A. Des mots créés de toutes pièces ? - B. Des « futurs possibles » ? - C. Des missiles sol-air ?

175. Qu'entend-on par le *monitorage* ? : A. La formation nécessaire pour obtenir la fonction de moniteur d'éducation physique ? - B. La surveillance d'un malade à l'aide d'appareils automatiques ? - C. L'émission excessive de devises ?

176. Qu'est-ce que l'*holographie* ? : A. Une méthode de photographie en relief ? - B. Une écriture dont les signes se lisent de droite à gauche ? - C. Une radiographie obtenue à partir de rayons infrarouges ?

177. Qu'est-ce que la *stagflation* ? : A. La mesure de la tension sanguine superficielle ? - B. Une réaction nucléaire secondaire ? - C. La situation économique d'un pays cumulant inflation et stagnation des affaires ?

178. Qu'est-ce qu'un *happening* ? : A. Une forme de spectacle ? - B. Un forage d'exploration ? - C. Un film de courte durée ?

179. Qu'est-ce que le « *grand bang* » ? : A. Une steppe semi-boisée séparant deux bantoustans ? - B. Une très ancienne explosion cosmique résonnant encore dans les espaces intersidéraux ? - C. En matière de science-fiction, le « bang » hypothétique des engins censés franchir le « mur » de la lumière ?

180. Qu'appelle-t-on un *thesaurus* ? : A. Un appareil transmettant des dépêches ? - B. Une étoile de grande puissance lumineuse ? - C. Une sorte de dictionnaire ?

181. Qu'est-ce que l'*autisme* ? : A. La phobie des voitures ? - B. Un repli morbide sur soi ? - C. Le contentement de soi-même ?

182. Emploie-t-on l'expression « *en solo* » : A. Pour signifier qu'un véhicule, destiné, par sa conception, à faire partie d'un ensemble de véhicules, circule isolément, par exception ? - B. Au sujet d'un bateau à moteur assurant le poussage de chalands à l'aide d'un seul moteur ? - C. À propos d'un missile ne pouvant effectuer qu'une trajectoire fixe ?

183. Qu'est-ce qu'un *surrégénérateur* ? : A. Un moteur dont la consommation excessive peut entraîner des troubles graves ? - B. Un réacteur produisant plus de matière fissile qu'il n'en consomme ? - C. Un corps chimique, utilisé dans le traitement actif du vieillissement des cellules ?

184. L'adjectif *drastique* est-il synonyme de : A. Très énergique ? - B. Libéral ? - C. Neurasthénique ?

185. Qu'est-ce que la *vidéotransmission* ? : A. Un système intermédiaire entre le cinéma et la télévision ? - B. Le nom donné aux communications radio à travers l'espace interplanétaire ? - C. Une technique d'enregistrement sur disques très souples ?

186. À quoi correspond le sigle *Z. A. D.* ? : A. Est-ce un terrain de manœuvre ? - B. Désigne-t-il une opération boursière ? - C. Est-ce un secteur de terrains où tous les propriétaires désireux de vendre doivent obligatoirement faire part à l'administration de leur intention ?

187. Qu'est-ce que le *clonage* ? : A. L'implantation dans les cellules d'un être humain du « matériel » génétique d'un autre individu ? - B. Une action élargie aux dimensions des masses populaires ? - C. Une forme de démarchage ?

188. La *zeugmatographie* est-elle : A. Un nouveau procédé pour la transmission d'images par voie électrique ? - B. Une photographie de la structure superficielle des métaux ? - C. Une nouvelle technique d'exploration des organes ?

189. Qu'est-ce qu'un *fermi* ? : A. Un élément chimique artificiel ? - B. Une unité de longueur ? - C. Un flotteur de catamaran ?

190. La *cryogénisation* est-elle : A. La conservation de cadavres à très basse température, en vue d'une réanimation éventuelle ? - B. La pollution des cours d'eau ? - C. L'état d'une économie où les exportations sont très supérieures aux importations ?

191. Qu'est-ce que l'*underground* ? : A. Un réseau de transports souterrains à grande vitesse ? - B. Une sorte de turbotrain ? - C. Des films marginaux, des spectacles d'avant-garde réalisés en dehors des circuits commerciaux ?

192. Une *console* est-elle : A. Un procédé de navigation radioélectrique ? - B. Un appareil permettant de « converser » avec un système central d'ordinateurs ? - C. Un traitement anti-dépressif ?

193. Un *tabloïd* est-il : A. Un appareil utilisé pour la photocopie ? - B. Une pilule hypervitaminée ? - C. Un journal dont le format est la moitié de celui qui était traditionnellement adopté ?

194. Qu'est-ce que l'*allotement* ? : A. Le ravitaillement en vol d'un avion gros-porteur par un avion-citerne ? - B. La répartition d'animaux en lots ? - C. La répartition d'espaces urbains en zones ?

195. Le *couponing* est-il : A. Un démarchage par l'envoi de publicité ? - B. Une sorte de confection sur des mesures normalisées ? - C. Une calculatrice analogique à mémoire ?

196. L'adjectif *prégnant (e)* signifie-t-il : A. Qui peut être détruit par les bactéries ? - B. Qui émet des radiations ? - C. Qui s'impose avec force, qui est pressant ?

197. Qu'est-ce que le *keynésisme* ? : A. Une forme bénigne de cancer ? - B. Une forme de « guérilla urbaine » ? - C. Une théorie économique ?

198. Le *consumérisme* est-il : A. Une doctrine économique défendue par les organisations de consommateurs et l'action de ces dernières ? - B. La résistance au feu de matériaux plastiques ? - C. L'ensemble des rapports entre les personnes et l'environnement ?

199. Le *sponsoring* est-il : A. La « matière grise » des ordinateurs ? - B. Le soutien apporté à un sport, dans un dessein publicitaire ? - C. Le « pouvoir des cerveaux » (technocrates, savants...), par opposition au pouvoir politique ?

200. Qu'est-ce qu'un *logotype* ? : A. Une mémoire, dans un ordinateur ? - B. Un appareil destiné à mesurer le rapport de deux grandeurs électriques ? - C. Un bloc de plusieurs lettres constituant une marque, un symbole ?

Réponses nᵒˢ 1 à 50 — 1

1. Réponse A. - Ce mot anglais, répandu à partir de 1960, désigne un objet, un meuble, un bungalow, etc., vendus en pièces détachées, et que l'acheteur devra monter lui-même (à l'aide, le plus souvent, d'un plan de montage). Les *kits* sont donc des sortes de « jeux de construction ».

Citation : « *Autre innovation : le "village du kit", qui groupera trente-cinq exposants dont l'activité principale est le "kit". Ce mot magique concerne tout ce qu'on peut monter soi-même (...)* » (« Kit au C.N.I.T. », Jany Aujame, *Le Monde*, 5 novembre 1977).

2. Réponse B. - Un *caddie* (ou *caddy*) est un petit chariot métallique mis à la disposition des clients dans les magasins à libre service. On en trouve également dans les gares et les aéroports. Ce chariot sert à transporter les achats des clients ou les bagages des voyageurs. La multiplication de ces chariots a « banalisé » le mot, qui, à l'origine, était une marque déposée (1952).

Rappelons que *caddie* est un mot anglais signifiant « commissionnaire », d'où la dénomination par ce nom de la personne qui, au golf, porte les cannes des joueurs. Le juge musulman est un « cadi » ; quant au nom ancien du litre, c'est le « cadil ». Enfin, le « cadis » est un tissu de laine.

3. Réponse A. - Une *dramatique* est le nom donné - par ellipse, et substantivement - à une émission « dramatique » réalisée par la télévision. Il peut s'agir d'un film tourné spécialement pour le petit écran ou bien d'une pièce jouée « en direct ».

Citation : « *Les dramatiques, genre quelque peu délaissé depuis trois ans, vont retrouver une place importante dans les nouveaux programmes* » (*Le Figaro*, 8 septembre 1977).

30

4. Réponse C. - Il s'agit d'un espace creux ménagé sous une construction quand la qualité défectueuse du sol ne permet pas d'y établir une cave. Ainsi, la chape ou la dalle sur laquelle repose l'édifice ne se trouve pas en contact avec le terrain, dont, à défaut de cave, le vide sanitaire le sépare.

5. Réponse B. - Un *disk-jockey* (orthographe plus usuelle maintenant : *disc-jockey*) est, à la radio, le responsable d'une émission où sont présentés les disques en tête d'un palmarès ou d'un programme de musique enregistrée. Lui seul intervient au cours de l'émission. Les textes officiels préconisent l'emploi du mot « animateur ».

Un jockey qui n'est attaché ni à un propriétaire ni à un entraîneur est dit *« free lance »* : il est libre du choix de ses engagements, libre de ses montes.

6. Réponse B. - Le S. M. I. G. (salaire minimum interprofessionnel garanti) a laissé la place au S. M. I. C., sigle où le C. représente le terme de « croissance ». Quelle que soit l'appellation, il s'agit du « salaire-plancher » perçu en France par un salarié travaillant à temps complet. Un *« smicard »* est, ainsi, un de ces travailleurs qui ne touchent que le S. M. I. C.

7. Réponse B. - La pratique de plus en plus répandue de la « navigation de plaisance » (courses de régates, cabotage, circumnavigation...) a imposé le mot (nom et adj.) *plaisancier,* terme s'appliquant à toute personne qui possède un « bateau de plaisance » ou qui pratique ce genre de navigation.

8. Réponse A. - La « sophistication » - mot formé par allusion aux sophistes grecs et à leur penchant pour ce qui est très subtil, très alambiqué - s'apparente trop souvent à la pédanterie et à la préciosité. Chez les artistes, la *sophistication* peut aboutir à des études, à des travaux, où tout est ramené à la technique pure. En revanche, le mot est utilisé favorablement en sciences techniques, où il revêt le sens de « très grand perfectionnement », « summum de la réalisation »...

9. Réponse B. - Américanisme à partir de *jumbo,* surnom de l'éléphant. Cet « avion-éléphant » devrait plutôt être dénommé « gros-porteur » si l'on suivait les recommandations officielles.

Le chariot utilisé dans les mines est un *jumbo*.

10. Réponse A. - La *déviance* - mot apparu en psychologie vers 1950 - est le nom donné au comportement d'un individu dont la conduite sort du cadre des variations individuelles considérées comme normales au sein d'une culture donnée. L'adjectif *déviant(e)* qualifie donc une conduite jugée « anormale », et le substantif *déviant* est le vocable qualifiant un être humain dont la conduite sort des normes tolérées, admises.

11. Réponse C. - Une *Z. U. P.* est une « zone d'urbanisation prioritaire », qui, dans le *zonage* (ou *zoning*) - répartition des espaces urbains, puis, par extension, d'une région économique -, s'oppose à la Z. A. D. (zone d'aménagement différé).

À partir du sigle sont apparus le verbe *zupper* : quartiers à *zupper,* et l'adjectif *zuppé* : terrains *zuppés.*

12. Réponse A. - « *Mass media* » est une expression de création américaine (tirée de l'anglais *mass* et du latin anglicisé *medium,* pl. *media*) dont les composants signifient respectivement « masse » et « moyens, intermédiaire, véhicule ». L'expression a été francisée en « médias » (accent aigu et *s* final), et l'on rencontre parfois le singulier : « médium ». Les « mass media » sont donc tous les moyens de diffusion de la connaissance, de la culture, de l'information, s'adressant au grand public : journaux, cinéma, livres, affiches, télévision, radio...

Pour les spirites, un *médium* est une personne qui peut servir d'intermédiaire pour communiquer avec les esprits.

13. Réponse A. L'*ingénierie* est un mot qui a fait florès en peu d'années, et qui réussit maintenant à supplanter son équivalent anglais *engineering*. La Commission des bureaux et organismes d'études techniques définit comme suit les activités couvertes par le mot : « Activité spécifique de conception, d'étude et de coordination de diverses disciplines exercées par des ingénieurs et techniciens agissant généralement en équipes pour la réalisation ou la mise en service d'un ouvrage ou d'un ensemble d'ouvrages (machine, bâtiment, usine ou partie d'usine, équipement ou complexe industriel, aménagement urbain ou rural, etc.). »

14. Réponse A. - Le *play-back* est le procédé inverse du doublage. Ici, l'enregistrement du son précède celui des images. Ainsi en est-il, à la télévision, de chanteurs qui se contentent de mimer - plus ou moins bien ! - leur chanson, diffusée sur disque. Ce qui peut être désopilant lorsque le disque (ou la cassette) se met à « bégayer », ou lorsqu'il n'arrive pas à démarrer.

Étiemble a proposé l'équivalent « pré-enregistrement ». On a aussi avancé les termes de « surjeu », « contre-jeu », « rejeu », « présonorisation »...

15. Réponse B. - La *maintenance,* au sens militaire, consiste à maintenir en nombre suffisant et en état de fonctionnement immédiat tous les équipements et matériels divers nécessaires à une formation militaire pour remplir les tâches qui lui sont imparties. Par extension, le mot a également revêtu cette notion d'« entretien » en matière industrielle : « la société X... garantit par contrat la maintenance de tous ses appareils de chauffage ».

16. Réponse A. - Le *secteur primaire* se dit de toutes les activités productrices de matières premières. Le *secteur secondaire* désigne l'ensemble des activités de production industrielle.

Le *secteur tertiaire,* ou le *tertiaire,* recouvre ce que l'on entend par les « services » - notion vague où se retrouvent pêle-mêle banques, commerces, fonction publique, transports... Mais les économistes sont partagés quant à cette définition : Alfred Sauvy, par exemple, en exclut le commerce et les transports pour n'y voir que les activités intellectuelles - que d'autres qualifient de « *secteur quaternaire* » !

17. Réponse B. - Un *hit-parade* est un palmarès, un classement, appliqué à des disques, principalement. La plupart des stations de radio établissent ainsi chaque semaine, voire chaque jour (!), se fondant soit sur les chiffres de vente, soit sur des sondages auprès d'auditeurs, le *hit-parade* des « scies », des « tubes » à la mode.

18. Réponse C. - *Campus*, mot latin repris par les Américains, désigne l'ensemble des installations annexes d'un établissement universitaire : pelouses, terrains de jeux et de sport, etc., ainsi que l'établissement lui-même.

19. Réponse C. - L'adjectif *carcéral* a été mis à la mode vers 1960, mais existait bien avant. Tiré du latin *carcer*, « prison », il qualifie tout ce qui concerne, évoque, la prison : l'« univers carcéral », le « milieu carcéral », etc.

Citation : « *Les éducateurs en milieu carcéral ont décidé de suspendre la grève qu'ils menaient depuis le 20 octobre* » *(Le Matin*, 27 octobre 1977).

20. Réponse B. - Un *O. V. N. I.* - sigle (Objet Volant Non Identifié) que l'on a maintenant transformé en nom commun : *ovni* - est un engin volant de forme variée, souvent décrit comme ressemblant à une assiette creuse (les « soucoupes volantes »), que prétendent avoir vu quelques personnes. Celles-ci pensent que lesdits engins seraient d'origine extra-terrestre...

21. Réponse A. - À partir des années 50, le mot *flash*, mot anglais déjà ratifié au sens d'« éclair bref et intense nécessaire à une prise de vue en cas de luminosité insuffisante », est adopté pour désigner le dispositif permettant de réaliser de telles photos, ainsi que pour qualifier une information de courte durée annonçant en priorité un événement très important. À l'armée, les transmissions nomment « message urgence flash » (en code : Z) les textes à diffuser avant tous les autres.

Bien entendu, l'inflation du langage a sévi là aussi et a « banalisé » le mot. Ainsi, le moindre bulletin d'informations radiotélévisé est baptisé « flash »...

Le mot anglais *clash* (« choc », « conflit » au sens militaire) a été repris ces dernières années comme synonyme de « putsch ».

22. Réponse B. - Formé d'après *motor-car*, « automobile », et *hôtel*, ce mot est le nom donné à des hôtels - le plus souvent constitués de bungalows - situés en bordure des autoroutes, des voies à grand trafic routier. Ces établissements sont particulièrement aménagés pour héberger les automobilistes.

23. Réponse C. - Un *debater* - mot anglais dérivé du verbe *to debate* : « discuter, débattre, contester, controverser » - est un terme accueilli en français dès le milieu du XIXᵉ s. Avec la multiplication des débats politiques radiotélévisés, le mot est très souvent employé pour parler d'un politicien habile, prompt à la repartie, subtil, etc.

Citation : « *François Mitterrand s'affirme comme l'exceptionnel* debater *parlementaire que redoutent tous les gouvernements successifs de la* Vᵉ *République* » (Jacques Julliard, « Une traversée dans le siècle », *Le Matin*, 26 octobre 1977).

24. Réponses A et B. - Un *duplex* est un logement constitué de deux appartements (ou de deux pièces) situés sur deux niveaux et reliés par un escalier intérieur. Le mot désigne aussi l'installation permettant, à partir d'une ligne télégraphique, une transmission simultanée dans les deux sens.
REMARQUE : Ne pas orthographier ce mot, comme on le voit trop souvent, de la même façon que le patronyme du gouverneur des Indes : Dupleix, dont une station du métro parisien porte le nom.

25. Réponse B. - L'*élitisme* est le nom donné à une politique, à un système, qui s'attachent à former une élite ; à ne se préoccuper que de la promotion, par exemple, des individus présentant un quotient intellectuel très fort. Cette conception s'oppose à l'idée de formation de la masse.

26. Réponse C. - Un *putsch* - mot allemand signifiant « échauffourée » - se dit de toute tentative de coup d'État fomenté par un groupe armé (ourdi, le plus souvent, par l'armée ou par certains de ses éléments). Le synonyme de « palet » est *puck*. Signalons aussi le *puche*, sorte de crevettier, et le *putt*, coup pratiqué au golf.

27. Réponse A. - La *négritude* est l'ensemble des valeurs culturelles et spirituelles du monde noir, la condition des personnes de race noire, le fait d'appartenir à cette race.

Citation : « *C'est Aimé Césaire* (écrivain et homme politique martiniquais. - N. D. A.) *qui inventa le mot de «négritude» par une règle grammaticale très simple... en fixant au mot «nègre» le suffixe latin* itudo. *Il aurait pu tout aussi bien dire «négrité». Pour nous, la négritude était l'ensemble des valeurs de civilisation du monde noir* ». (Léopold Sedar Senghor, interview à *France-Soir*, 18 décembre 1969.)

28. Réponse B. - *Materner*, c'est, pour une mère, favoriser le développement normal de son enfant en lui assurant la protection, en lui prodiguant soins, tendresse, affection, etc. En psychologie, c'est avoir avec une personne des relations comparables à celles de la mère à l'égard de son enfant.

Le « maternage » est le terme désignant le comportement décrit ci-dessus. Mais le « maternalisme » est une tendance à un amour maternel excessif et abusif !

29. Réponse C. - Un bateau qui pratique la navigation au « long cours » est, depuis le milieu du XIXe s., appelé « long-courrier ». Pour une raison analogue, il en est de même de tout marin qui effectue de longues traversées. Plus récemment, on a donné ce nom aux avions couvrant de grandes distances (à partir de 2 000 kilomètres). Un « court-courrier » est un avion assurant des transports jusqu'à 1 000 kilomètres ; un « moyen-courrier », des distances allant jusqu'à 2 000 kilomètres.

REMARQUE : Attention à l'accord au pluriel : « des long-courriers, des moyen-courriers, des court-courriers » (*long, moyen* et *court* ayant ici valeur adverbiale).

30. Réponse B. - L'anglais *kitchen*, « cuisine », affublé de la désinence « ette », signifie : « petite cuisine » dans le langage des « petites annonces ». Souvent, il faut d'ailleurs comprendre : « coin cuisine dans le studio » ! L'équivalent cent pour cent français « cuisinette » est préconisé par l'Administration. (Au Québec, on appelle « roomettes » [ou « chambrettes »], dans les trains, de petits appartements intermédiaires entre la couchette et la voiture-lit.)

31. Réponse B. - La *gérontocratie* (du grec *gerôn*, « vieillard », et *kratein*, « commander ») est un régime politique où le pouvoir est entre les mains d'individus d'âge avancé. Certain grand pays d'Asie où les plus « jeunes » dirigeants sont des septuagénaires est sans conteste une « gérontocratie ».

Mentionnons pour la circonstance l'amusant néologisme dû à des médecins : « gérontin » (de *gerôn* plus le suffixe *tin* [de *plaisantin* ?]). Selon ces espiègles esculapes, le « gérontin » est un *jeune vieillard* - qui a entre 60 et 75 ans -, par opposition aux *grands vieillards*, âgés de plus de 75 ans !

32. Réponse A. - La *fiabilité*, qualité de ce qui est *fiable* (c'est-à-dire en quoi l'on peut avoir confiance), c'est le caractère de sécurité qu'offrent un engin, une machine, un système, une méthode de pronostic, qui ont fait la preuve qu'on pouvait se fier à eux.

Le mot *fiable* est noté dès 1190 ; il fut repris au milieu du XXᵉ s. *Fiabilité* fut admis en 1962 par l'Académie des sciences avec le sens de : « grandeur caractérisant la sécurité de fonctionnement d'un dispositif ; ou mesure de la probabilité de fonctionnement d'un dispositif selon des normes prescrites ».

Citation : « *Malgré les records de* fiabilité *établis au cours des dernières expériences, une panne grave est toujours possible* » (Maurice Arvonny, *Le Monde*, 7 septembre 1977).

33. Réponse C. - Tout un chacun sait qu'un *toboggan* est une sorte de traîneau bas sur lequel on descend une pente à plat ventre, et aussi une piste sur laquelle se déplace, dans les parcs d'attraction, un chariot transportant plusieurs personnes (c'est un divertissement du genre des « montagnes russes »). C'est aussi, dans les jardins publics, le nom donné à une sorte de plan incliné concave où les enfants jouent à se laisser glisser. Plus récemment, le mot en est venu à désigner une construction métallique permettant aux véhicules de franchir un carrefour en passant au-dessus des autres files de voitures.

« Toboggan » est un nom populaire, le terme officiel étant *autopont*.

34. Réponse B. - Le mot « *fourchette* », qui, en dehors de son sens usuel, recouvrait déjà d'autres acceptions : en balistique, au bridge, etc., s'est enrichi d'un nouveau sens avec le développement des statistiques. Dans le langage imagé de ce domaine, la «fourchette» représente l'écart entre les deux possibilités extrêmes d'une prévision : « À la Société d'études politologiques, on estimait que le pourcentage des voix qu'obtiendrait la coalition gouvernementale s'établirait dans une «fourchette» allant de 52 % à 58 % des votes. »

35. Réponse A. - Un *organigramme* est la représentation graphique de la structure d'une organisation, d'une administration, d'une entreprise... Y sont montrés les divers éléments de l'organisation, leurs rapports hiérarchiques, leurs attributions respectives, etc. Le mot désigne aussi, en informatique, un graphique représentant les opérations d'un programme.

36. Réponse C. - *Crédibilité* et *crédible* sont des mots «dans le vent», remis à la mode sous l'influence de l'anglais *credible*. La *crédibilité* d'un homme politique, c'est sa capacité à susciter la confiance. L'expression américano-anglaise *«credibility gap»* signifie : «crise de confiance, perte de crédibilité, perte de prestige... ».

37. Réponse B. - Des établissements (clinique, maison de repos...) ou des praticiens (médecin, chirurgien, dentiste...) *conventionnés* sont des établissements ou des personnes liés à une caisse de Sécurité sociale par une convention de tarifs. Un assuré social hospitalisé dans une clinique *conventionnée* n'aura à régler que le *ticket modérateur* (quote-part des frais que la Sécurité sociale laisse à la charge de l'assuré) - et éventuellement les quelques «suppléments» (chambre individuelle, téléphone, etc.). S'il est adhérent d'une mutuelle, cet assuré peut n'avoir à payer *que* ces suppléments.

38. Réponse A. - L'*infarctus* - que quantité de gens s'obstinent à nommer «infractus», barbarisme que l'on retrouve avec l'«Océan glacial artique» *(sic)* - est une lésion due à la nécrose localisée d'un tissu ou d'un viscère. C'est un accident grave survenant chez des individus atteints d'athérosclérose.

39. Réponse C. - Une *multinationale* - les économistes disent aussi : «une transnationale, une «G.U.I.» (grande unité interterritoriale)» - est une entreprise de très grandes dimensions dont l'activité se développe sur plusieurs États. Si les filiales de la « maison mère » sont aussi grosses que celle-ci, les décisions peuvent vraiment être dites « multinationales ».

Le danger des *multinationales* peut résider dans le fait qu'elles deviennent un État au-dessus des nations, ou que, par le biais de la direction générale, un gouvernement puisse contrôler une bonne partie des industries de base d'autres pays.

En revanche, bon nombre d'experts pensent que les *multinationales* contribuent au développement des économies nationales et au progrès technique.

40. Réponse B. - Mot fort répandu, l'*électoralisme* est, pour un politicien ou un mouvement politique, une attitude consistant à s'attacher avant tout à conserver son électorat, quitte à y sacrifier ses convictions intimes. L'*électoralisme* peut être une tactique provisoire, dans l'attente de « faire passer » des idées généreuses, ou avancées, que refuserait encore une partie de l'électorat. Pratiquer sans cesse l'*électoralisme,* c'est tout bonnement faire de la démagogie, en flattant les options - même stupides - de l'opinion publique. Pour reprendre une formule récente d'un premier ministre, c'est « aller à la pêche aux voix » (formule qu'une « hénaurme » *coquille* a transformée, dans un quotidien parisien, en « pêche aux noix »).

41. Réponse A. - Un *jumelage* est l'association de deux villes étrangères, qui procèdent à des échanges socio-culturels. En fait, par un abus de langage, on entend également parler de « villes jumelées » lorsqu'une commune française est ainsi associée à cinq ou six villes !

42. Réponse B. - Par *activisme*, on désigne le comportement de personnes qui prônent l'« action directe », ou qui militent passionnément en faveur d'un mouvement ou d'une doctrine, généralement d'extrême droite.

43. Réponse A. - Mis à la mode dans ce sens vers les années 1960, le mot *échangeur* est appliqué à un dispositif de raccordement de plusieurs voies (autoroutes et routes) tel qu'il n'y a aucun croisement à niveau.

44. Réponse B. - Aux États-Unis, un *squatter* était un pionnier qui s'avançait dans les terres non encore reconnues et s'installait sur un territoire non occupé. Le mot désigne maintenant une personne sans abri qui prend possession, de sa propre autorité, d'un local, d'un lieu, d'un appartement vacant.

Éviter de confondre avec un « quaker », qui est un membre d'une secte religieuse... ou avec un « scooter » (lapsus plaisant [et volontaire] que l'on entend dans le film *Archimède le clochard*) !

45. Réponse A. - *Apartheid* est un mot afrikaans, qui résume la notion de « développement séparé » des races. L'*apartheid* est une doctrine qui établit une ségrégation raciale systématique.

46. Réponse C. - Les *mobiles* sont, dans la sculpture moderne, des éléments légers, en plastique, en métal, etc., qui, suspendus, brillent et s'entrechoquent sous l'influence du moindre souffle d'air ou de tout autre moteur qui les actionne. Ces ouvrages ont été imaginés par le sculpteur américain Alexandre Calder (1949).

47. Réponse A. - Un *restauroute* est un restaurant situé au bord d'une autoroute - ou enjambant celle-ci - et destiné aux automobilistes.

48. Réponse C. - L'*immunologie* est l'étude de la résistance d'un organisme attaqué par une maladie infectieuse ou parasitaire, ou des réactions de cet organisme en cas de greffe.

Les membres du Parlement français jouissent de l'« *immunité* parlementaire » ; ce privilège fait qu'aucun d'entre eux ne peut être poursuivi, pour un délit ou pour un crime, sans l'autorisation (« levée » de l'immunité parlementaire) de l'Assemblée - sauf en cas de flagrant délit.

49. Réponse A. - Le *profil psychologique* est une notion obtenue en traçant sur un même graphique la courbe représentant les résultats de tests effectués par une personne. De là, le mot *profil* en est venu à désigner le schéma où figurent les aptitudes recherchées, les qualités jugées nécessaires chez un individu. («Le profil du meilleur candidat possible se dessine ainsi : entre 40 et 45 ans, marié et père de famille, catholique, cadre...».)

50. Réponse C. - Un *séminaire* est un établissement religieux où sont instruits ceux qui se destinent à la prêtrise. Par extension, le mot gagna le monde de l'enseignement, et *séminaire* fut en quelque sorte synonyme d'«institut», de «laboratoire»... Récemment, le sens s'est encore élargi - et le terme désigne n'importe quel stage, séance de travail, de réflexion, série de conférences, etc.

51. Réponse A. - L'adjectif *ponctuel (le)* se dit de ce qui ne concerne qu'un détail, qu'un objectif limité : une réforme *ponctuelle*. Une action gouvernementale *ponctuelle* ne s'appliquera qu'à un domaine particulier. Un commando de choc parachuté derrière les lignes ennemies réalisera des *actions ponctuelles*.

52. Réponse C. - Le « *jogging* » est une course à pied de fond, au petit trot. En 1978, on estimait que dix millions d'Américains pratiquaient ce ·genre de footing. L'exercice régulier de cette discipline retarde ou évite la venue d'accidents cardio-vasculaires.

Citation : « *Venue des États-Unis via l'Angleterre, la mode du footing* (jogging, *disent les Américains*) *est en train d'envahir la France* » (*France-Soir*, 12 juillet 1978).

53. Réponse B. - Un (e) *fanzine* est le nom donné - d'après l'expression américaine *fanatic magazine* - à une revue, le plus souvent modeste, éditée par des jeunes passionnés de bandes dessinées, de science-fiction. Les *fanzines* sont un excellent banc d'essai pour les futurs scénaristes et dessinateurs de « B. D. ».

54. Réponse C. - « *X... se trouve confronté à de rudes travaux, dans le monde. Mais, avec des bouteurs comme le (...), nous les menons toujours à bien.* » (Extrait d'un texte publicitaire.)

Bouteur est l'équivalent de *bulldozer* (l'Académie française accepte également la forme « francisée » : *bouldozeur*). Il s'agit donc de cet engin de terrassement constitué par un tracteur à chenilles équipé à l'avant d'une lame qui sert à pousser terre et matériaux divers.

Le mot a des « parents » : le *bouteur biais* (la lame peut être orientée obliquement), le *bouteur inclinable* (la lame peut être inclinée par rapport à l'horizontale) et le *bouteur à pneus* (ou *tournadozer*).

55. Réponse A. - *Establishment* est un mot anglais qui désigne, en Grande-Bretagne, la classe sociale, le groupe de personnes, qui détient les postes-clés de la politique, des affaires, de l'armée, etc. Les Britanniques, en évoquant l'esprit de corps qui règne dans cette classe, parlent de l'« esprit de la vieille cravate » *(the old tie spirit)* - allusion à la cravate que portent les étudiants d'Eton et d'Oxford, et où figurent les emblèmes du club dont les étudiants font partie. Le mot, adopté en France, a conservé la même acception.

Citation : « *La contestation ne peut-elle fleurir qu'à vingt ans et dans l'*establishment *des partis ou des groupuscules ?* » (*Le Monde*, 17 novembre 1977).

56. Réponse C. - *Schuss* est un mot allemand qui signifie « coup », « jet », « portée », « élan ». Le mot (n. masc.) s'est imposé dans le vocabulaire du ski (d'après l'allemand *Schuss-fahrt*) à partir des années 1925-1930, au sens de : « descente à skis en ligne droite, en suivant le tracé de la plus grande pente, sans ralentissement ». (*Cf.* les affiches de la S. N. C. F. proclamant : « *A la neige, tout schuss par le train !* ») *Prendre tout schuss*, au ski, sera « descendre tout droit la piste ». *Schuss* est donc utilisé ici en tant qu'adverbe ; le mot est pris aussi comme adjectif, synonyme de « décidé », « rapide », « dynamique », « actif », « direct » : « cet homme politique a l'esprit *schuss* ».

57. Réponse A. - Le joule étant une unité de travail équivalant à l'énergie dépensée en une seconde par un courant électrique d'un ampère passant à travers une résistance de 1 ohm, l'exajoule en est un multiple égal à un milliard de milliards de joules, ou encore à 278 milliards de kWh.

Citation : En 1976, la production de gaz naturel a été de 50 exajoules, les réserves connues en sont de 2 500 exajoules et celles qu'on subodore sans les avoir découvertes sont estimées à 8 100 exajoules (d'après Bruno Dethomas, relatant la conférence mondiale de l'énergie tenue à Istanbul en septembre 1977).

58. Réponse B. - Certes, littéralement, la troisième n'est pas fausse : le sens premier *d'aggiornamento*, en italien, est « ajournement » (Giuseppe Padovani, *Dictionnaire franco-*

ital., *ital.-franç.*, Larousse, Paris, 1930). Mais ce n'est pas dans cette acception que le mot a été francisé et internationalisé quand le pape Jean XXIII s'en est servi, en 1962, pour désigner le renouvellement de l'Église romaine lors du deuxième concile du Vatican (dit : « Vatican II »). Depuis, on l'utilise à toute occasion au sens de « modernisation, adaptation au progrès, réforme », de « mise (ou de remise) à jour » d'une organisation religieuse, politique, syndicale, etc., d'une législation, d'une doctrine, etc.

Citation : *« Le cardinal Felici, préfet du tribunal de la signature apostolique et président de la commission de révision du droit canon, a présenté l'aggiornamento juridique en cours »* (Henri Fesquet, *Le Monde*, 23-24 octobre 1977). Il s'agit ici de mettre à jour, c'est-à-dire de rafraîchir, de rajeunir, conformément aux idées et aux goûts nouveaux, les structures du droit canon.

Paronymie : *a giorno*, autre expression italienne usitée en français au sens de : « comme en plein jour » (une rue éclairée *a giorno* un soir de fête).

59. Question-piège : les trois propositions correspondent à trois acceptions du mot *extrusion*. Le terme appartenait, dès le début de ce siècle, au vocabulaire de la géologie, avec le sens de « mise en place de matières volcaniques sous forme d'aiguilles poussées vers l'extérieur » - cela sans qu'il y ait écoulement ou projection. Après 1950, le mot s'est imposé en mécanique et en métallurgie.

L'ouvrier qui pratique l'*extrusion* des matières plastiques est appelé « extrudeur ».

Citation : *« Trois transformateurs de matières plastiques (...) ont décidé de regrouper leurs divisions spécialisées dans l'extrusion du polyéthylène basse densité... »* (*Le Monde*, 29 octobre 1977).

60. Réponse B. - Si le terme d'*éradication* (action d'extirper, d'arracher) est connu depuis les années 1550, *éradiquer* (verbe transitif) ne s'est répandu qu'au cours de la seconde moitié du XXe s. Ce verbe signifie : « arracher, extirper, détruire jusqu'à la racine, exterminer », c'est-à-dire pratiquer une éradication (action de faire disparaître des maladies endémiques, au sens médical).

Citation : « *Participer à la réintroduction scientifique de n'importe laquelle des espèces (menacées de disparition) là où elle existait normalement et d'où on l'a artificiellement éradiquée.* » (Programme de l'A. R. A. P., les Amis du renard et autres puants, 50, rue Molitor, 75016 Paris).

61. Réponse C. - Le *libéro* (en ital., *libero :* « libre ») est un arrière central dégagé, en principe, du travail de marquage de l'adversaire ; libre, donc. Son rôle est d'intervenir comme ultime défenseur devant son goal, et de relancer l'action de ses équipiers. Les noms populaires attribués à ce joueur sont : « verrouilleur » et « stoppeur ».

Citation : « *Mon acclimatation au poste de libéro ne fut pas des plus faciles.* » (Interview de François Bracci, *Le Matin*, 11 octobre 1977).

62. Réponse C. - Créées en 1962, les S. A. F. E. R. (sigle de : Sociétés d'Aménagement Foncier et d'Établissement Rural) ont pour mission d'aider les agriculteurs à installer des exploitations agricoles rentables, par l'agrandissement desdites exploitations à la suite d'une nouvelle répartition des terres, et de moraliser le marché foncier.

Citation : « *Depuis leur origine, les S. A. F. E. R. ont permis d'agrandir cent six mille exploitations et d'installer six mille huit cents agriculteurs* » (*Le Monde*).

63. Réponse B. - Construit sur un sigle à partir de l'anglais (SO[und] NA[vigation] R[anging]), le *sonar* - tout comme son semblable l'*asdic* (sigle d'*Allied Submarine Detection Investigation Committee*) - est le nom d'un appareil de détection sous-marine par ultrasons.

Citation : « *Elle dote ses navires des équipements les plus sophistiqués produits par l'industrie civile : radars, sonars, conduites de tir...* » (*Le Figaro*, 14 octobre 1977).

64. Réponse B. - « *Le boodie est une pièce de fourrure de 1,45 m × 1,80 m, déjà assemblée, prête à être taillée pour un manteau* » - et cela « *dans toutes les fourrures* » (extrait d'un texte publicitaire paru dans *Le Figaro*).

65. Réponse A. - Nom masc. pluriel, *rushes* (mot anglais) est le nom couramment employé par les professionnels du cinéma pour désigner les films bruts, obtenus par le développement de la pellicule, après avoir été tournés sans respecter l'ordre chronologique du scénario. Ces *rushes* sont ensuite visionnés, puis l'on effectue le montage. L'Administration a suggéré, sans grand succès semble-t-il, l'emploi de l'expression « épreuves de tournage ».

Citation : « *J'ai la chance de choisir mes rôles, j'assiste à* (la projection de) *tous les rushes, aux séances de montage (...)* » (Interview du chanteur-comédien Jacques Dutronc, *Le Matin*, 26 octobre 1977).

66. Réponse C. - *Off shore* (ou : *off-shore*), employé comme nom masc. invariable ou comme adjectif, est une expression anglaise (littéralement : « au-delà du rivage »). Si l'Administration préconise « marin » ou « en mer », selon les cas, *off shore* est souvent employé dans la presse pour qualifier la prospection, le forage, l'exploitation, la production, des gisements situés sous la mer.

Citation : « *Le gaz y est déshydraté, compté et expédié à quinze kilomètres de là sur une dernière plate-forme* off shore *qui est le terminal du gazoduc reliant le gisement à la terre (...).* » (*Le Figaro*, 14 octobre 1977).

67. Réponse B. - Mot latin (de *consentire*, « consentir »), *consensus* - connu, dans son acception actuelle, dès 1866 - a été repris et répandu vers 1950 au sens d'« accord entre des personnes, des partis politiques, des nations ; accord entre des textes ». Le mot signifie aussi « accord du peuple », « approbation du pays » ou bien « opinion du peuple, sentiment de la majorité des citoyens ».

Citation : « *La quatrième commission a adopté mercredi 9 novembre par consensus une résolution concernant la question du Sahara occidental* » (*Le Monde*, 11 novembre 1977).

68. Réponse C. - Un *charter* (n. masc. et adj.) est le nom - mot anglais adopté en France - qui s'applique à un avion (parfois à un autocar) affrété par un organisme de tourisme ou par une association, un groupe. Toutes les places disponibles étant alors utilisées, la compagnie propriétaire de l'avion peut consentir des tarifs bien moins élevés pour ces vols spéciaux.

69. Réponse B. - Si le mot « *colombes* » est le surnom donné - au sein des gouvernements, des formations politiques, etc. - aux partisans de la paix, de la diplomatie, « *faucons* », au contraire, s'applique aux partisans de la fermeté, d'une ligne dure…

Synonyme de « *faucon* » en ce sens, on a également utilisé le terme « *épervier* » (d'abord uniquement aux États-Unis, lors de la guerre au Vietnam, puis un peu partout dans le monde).

70. Réponse C. - Un *coopérant* est un citoyen français travaillant dans un État en voie de développement. Il s'agit généralement de jeunes gens, qui, plutôt que d'accomplir le service armé, préfèrent se porter volontaires pour aller travailler dans des pays qui demandent l'aide de coopérants techniques et culturels. Il s'agit en quelque sorte d'un « service national civil » placé sous l'autorité du gouvernement (d'abord, en 1961, du ministère de la Coopération, puis, ensuite, en 1963, du secrétariat d'État rattaché au ministère des Affaires étrangères). Mais le nom de *coopérant* est également donné à toute personne qui va travailler, au titre de la coopération, dans ces pays du tiers-monde.

71. Réponse A. - Une *voiture banalisée* est un véhicule de la police de la route, « voiture-piège » qui ne comporte aucun signe distinctif. Ajoutons que le mot *banalisation* a pris récemment deux sens bien particuliers : 1º action de livrer à l'usage public des bâtiments ou des terrains jusque-là réservés à des administrations, à des sociétés, etc. ; 2º affadissement d'un mot, affaiblissement d'une idée, oubli d'événements graves (ainsi Mme Simone Veil dénonçant la *banalisation* du nazisme).

Citation : « *Il ne s'agit certes pas de "banaliser" pour autant nos rapports : le peuple français et le peuple algérien ont trop mêlé leur histoire pour devenir jamais véritablement étrangers l'un à l'autre* ».

72. Réponse C. - Le mot anglais *spot*, « tache », a été adopté dès la fin du XIXᵉ siècle aux sens d'« image », de « projecteur ». Plus près de nous, on entend par là un film publicitaire de courte durée (cinéma et télévision). L'Administration préconise l'expression « message publicitaire ».

Une équipe de parachutistes largués du même avion s'appelle un *stick*.

73. Réponse C. - L'*aromathérapie* consiste dans le traitement des maladies par les essences de plantes. Le Dr Valnet, auteur d'ouvrages sur le sujet, est un chaud partisan de cette médication naturelle, qu'il oppose à la médication chimique.

« Aroma » est un nom créé pour la circonstance !

74. Réponse C. - C'est une sorte de poussette d'enfant à roues très petites dite aussi « poussette-canne », dont le siège, conçu sans armature comme un hamac, est supporté par une toile souple plastifiée. Le terme est apparu récemment.

Citation : « *Gare aux buggies avant huit mois ! Mais, après, ces poussettes sont formidables (...). Le Dr C..., orthopédiste, estime qu'il est nécessaire que l'enfant soit capable de s'asseoir seul avant de l'installer dans ce hamac roulant, sinon c'est aussi mauvais que de tenir trop longtemps un nouveau-né dans ses bras* » (France-Soir, 7 octobre 1977 ; article de Laurence Beurdeley).

Le chariot ferroviaire est un « *boggie* », ou « *bogie* » ; la danse, sur un rythme de jazz rapide, est le « boogie-woogie ».

75. Réponse C. - Un *arboretum* est un parc planté de très nombreuses espèces d'arbres afin que l'on puisse y suivre les conditions de leur développement.

76. Réponse A. - Un *thriller,* mot anglais (de *thrill*, « frémissement ») adopté par le grand public français, désigne un roman de science-fiction, un policier « noir », un film à suspense, qui suscitent chez le lecteur ou chez le spectateur des sensations de peur ou d'épouvante, des réactions émotives, nerveuses.

77. Réponse B. - Un *hoverport* est une partie de port ou un port réservés à l'accostage des aéroglisseurs, des hovercrafts et des hydroglisseurs.

Citation : «*Un nouvel hoverport à Boulogne-sur-Mer. - Pour accueillir les nouveaux grands aéroglisseurs français et britanniques* (...).

78. Réponse B. - Le mot *holding* - substantif masculin ou féminin dans l'usage, contrairement aux dictionnaires contemporains, qui ne mentionnent que le masculin - vient de l'anglais *to hold*, « tenir ». Là encore, ce mot anglais a été ratifié dans le langage économique au double sens de : 1° société anonyme qui contrôle un groupe d'entreprises de même nature ; 2° société de placement de fonds.

Citation : «*Par leur vote positif, les travailleurs se rangent à la solution proposée par le holding industriel auquel appartient notamment Creusot-Loire*» (*Le Figaro*, 14 octobre 1977).

79. Réponse A. - Un *oligo-élément* (est écrit parfois sans trait d'union) est un élément métalloïde ou métallique présent dans l'organisme en très faible quantité.

Certains oligo-éléments ont un rôle très important dans le métabolisme cellulaire. Leur présence, même à l'état de traces, est indispensable à la croissance des êtres vivants, des végétaux, et la carence en magnésium, en zinc, en cobalt, en iode, en alumine, peut entraîner des troubles graves.

80. Réponse B. - Un radôme (mot anglais, de *ra*(dar) et *dome*, « dôme ») - qui s'écrit également sans l'accent circonflexe du fait de l'étymologie - est une sorte de sphère, un dôme en matière plastique protégeant une antenne radar.

En France, le plus connu est le radôme de Pleumeur-Bodou, commune des Côtes-du-Nord où le Centre national d'études des télécommunications (C.N.E.T.) a établi des installations très puissantes. Ce radôme est représenté sur un timbre-poste émis en 1962.

81. Réponse B. - Une *mégalopole* ou *mégalopolis,* ou encore *mégapole* (de *megas*, « grand », et *polis*, « ville »), est une gigantesque agglomération urbaine issue de la juxtaposition de plusieurs villes, phénomène amené par l'extension de leurs faubourgs.

Un *mégalomane* est un individu que la surestimation de ses capacités ou de ses qualités peut conduire à ce dérèglement que l'on nomme la « folie des grandeurs ». Ne pas confondre, sous l'effet d'une attraction paronymique, avec un *mélomane*, personne qui aime la musique (du grec *melos*, « chant, musique »).

82. Réponse A. - Le mot anglais *hardware*, qui signifie : « articles durs, marchandises dures », désigne l'ensemble des éléments matériels d'un ordinateur ou d'un système informatique. L'Administration a proposé l'équivalent *matériel ;* d'autres ont proposé : « mécanoïde », « programmoïde », « ensemble matériel », « mécanectronique »… En vain, car le « franglais » règne en maître incontesté sur l'informatique.

Il n'est d'ailleurs pas rare de trouver dans les pages d'annonces le mot « adjectivisé » : *« Société européenne cherche ingénieurs hardware ».*

83. Réponse B. - Une *O. P. A.* (sigle d'« offre publique d'achat ») est une opération par laquelle une entreprise, un groupe financier, une personne physique ou morale, fait publiquement connaître son intention de racheter les titres détenus par les actionnaires d'une société.

Le nombre des actions à racheter et le prix de rachat doivent être fixés - ainsi que le délai dans lequel cette opération doit s'inscrire. Une réglementation stricte est appliquée depuis quelques années sur les O. P. A. et O. P. E. (« offre publique d'échange », où le règlement est proposé en titres détenus en portefeuille).

84. Réponse C. - *Kitsch* (n. masc. et adj. inv.) est un mot allemand remis à la mode vers 1970, pour désigner des œuvres que, généralement, on considère comme de mauvais goût. Ces « œuvres d'art » se caractérisent par la concentration de fioritures, l'exagération des données stylistiques de l'époque.

85. Réponse C. - Une *mezzanine* (de l'italien *mezzanino*, « entresol ») est soit un petit étage ménagé entre deux grands, soit une fenêtre carrée de petites dimensions donnant sur l'entresol. C'est également, au théâtre, un étage se situant entre le parterre et le balcon.

86. Réponse A. - Le *microclimat* d'un terrain est le terme par lequel on désigne l'ensemble des conditions climatiques : températures, humidité, mouvements des vents... On cite souvent les microclimats des îles Anglo-Normandes.

Le mot ne peut être utilisé qu'en parlant d'une faible étendue, d'une petite superficie.

87. Réponse C. - *Leasing* est un mot anglais que son équivalent français *crédit-bail* n'a pas réussi à supplanter. Il s'agit d'une opération de financement à moyen ou à long terme. Elle consiste dans l'achat par un établissement financier de l'équipement professionnel dont une entreprise a besoin, afin de revendre ces biens d'équipement à ladite entreprise selon un contrat de location-vente.

Citation : « *Une affaire de leasing vient d'être évoquée devant la cour d'appel d'Aix-en-Provence. Elle oppose un postier, soutenu par l'Union fédérale des consommateurs, à une importante société de location-vente.* » (*Le Matin,* 27 octobre 1977.)

88. Réponse B. - *Implosion* est un terme que l'on a vu apparaître plusieurs fois dans les colonnes des journaux ces dernières années à propos de l'explosion de postes de télévision. Le « grand public » entend ce terme comme synonyme d'« explosion », confondant ainsi cause et effet. L'acception précise d'*implosion* est : « irruption rapide et brutale d'un fluide dans une enceinte qui se trouve à une pression beaucoup plus faible que la pression extérieure, et qui, de ce fait, est détruite ».

89. Réponse A. - Noté à partir des années 60, l'adjectif *biodégradable* qualifie tout produit qui peut être détruit par des agents biologiques, par les bactéries, lorsqu'il est jeté. L'utilisation de produits *biodégradables* concourt à la lutte contre la pollution.

90. Réponse B. - Formé sur le latin *carrus,* « chariot », le mot désigne le conducteur d'un chariot de manutention.

Citation : « *Tout a commencé (...) lorsque les caristes, pour la plupart des travailleurs immigrés, chargés de transporter les pièces destinées aux presses, se sont mis en grève* » (*Le Matin,* 9 novembre 1977).

REMARQUE : Tout comme *chariot, cariste* - en dépit de l'étymologie - s'écrit avec un seul *r*, au contraire de : charrette, carrosse, etc.

91. Réponse A. - Le terme *antitussif* (n. et adj.) s'est imposé dans la pharmacopée pour désigner un remède qui s'oppose efficacement aux quintes de toux (du latin *tussis*).

92. Réponse B. - *Moratoire* (du latin jur. *moratorius*, de *morari*, « s'attarder ») fut d'abord un adjectif : « un jugement moratoire » (qui accorde un délai). On connaît l'expression : « intérêts moratoires », qui signifie qu'il s'agit d'intérêts en sus dus en raison du retard apporté dans le règlement d'une créance.

Depuis, « substantivé », et fréquemment utilisé par les diplomates et hommes politiques, le mot a pris le sens de « décision légale qui suspend provisoirement l'exécution de certaines obligations légales ou contractuelles et qui proroge un délai ».

En 1871, la Commune accorda un moratoire sur les loyers.

93. Les acceptions A et B sont exactes, mais la première s'efface de plus en plus devant la seconde - de loin la plus usitée maintenant : *panel* (mot anglais : « tableau ») est une réunion - sorte de « séminaire » - groupant un certain nombre de personnes (ingénieurs, cadres, etc.), destinée à « faire le point » sur des problèmes importants. *Panel* est également un synonyme de « réunion-débat ».

94. Réponse C. - *Check-up*, mot anglais adopté par un large public, est le nom donné à un examen médical très approfondi, qui permet de vérifier l'état de chaque organe et son fonctionnement. L'expression « bilan de santé », équivalant au terme anglais, est elle aussi très souvent employée.

Le « franglais » *check-list* désigne un ensemble d'examens biologiques.

95. Réponse A. - Si une bibliothèque met des livres à la disposition du public, une *ludothèque* (du latin *ludus*, « jeu ») est un organisme qui met des jouets à la disposition des enfants.

Citation : « *La commission compte également de nombreuses réalisations (...) : ludothèques itinérantes, "pistes de santé" dans les espaces verts de la capitale...* » (*Le Monde*, 14 décembre 1977).

96. Réponse C. - Jusque voilà une vingtaine d'années, *clivage* n'était guère employé qu'en minéralogie, en joaillerie et en chirurgie pour désigner une action consistant à détacher une pierre ou une chair en lames minces. Le mot a, depuis, pris un sens figuré, celui de « dénivellation », de « différence de plan », voire de « glissement d'un niveau à un autre », notamment en politique et en linguistique (avec une extension plus spécialisée en psychanalyse). « On observa aux dernières élections un *clivage* des voix plus net que lors des précédentes. » Venu, dans son sens premier, du néerlandais *klieven*, « fendre » - allemand *klieben*, anglais *to cleave*, - le mot *clivage* semble avoir subi l'attirance du français « déclive », « déclivité », qui évoque l'idée de « pente » (*cf.* l'anglais *cliff*, « falaise »).

97. Réponse B. - Ce sont des éléments d'identification. « Donnez-moi vos coordonnées » signifie : « Indiquez-moi votre adresse, votre numéro de téléphone, votre identité exacte, voire le numéro de votre immatriculation à la Sécurité sociale, celui de votre compte bancaire ou postal, etc. »

98. La réponse C est la bonne. - Un croisement est *homogénétique* si, concernant deux espèces dont les différences ne s'opposent pas, il donne un produit satisfaisant. *Homogénétique* est parfois employé substantivement et au figuré : « Cette fausse *homogénétique* (entre deux partis politiques qui se sont associés malgré les divergences qui les séparent) se dissoudra dans l'action » (Ch.-A. Bontemps).

99. Réponse B. - Un *pousseur* est un bateau à moteur employé à propulser devant lui un convoi de barges, de chalands, amarrés fermement les uns aux autres. Ce puissant bateau est équipé d'installations techniques importantes (radio, radar, sondeur...).

Une personne dont la tâche consiste, dans un lieu public ou dans un cabaret, un théâtre, etc., à expulser des perturbateurs est un *videur*.

100. Réponses A et B. - Les « *lignards* » sont ces ouvriers, véritables « acrobates », qui, dans les régions les plus difficiles d'accès, quel que soit le temps, réparent les lignes à haute tension. Ce surnom a aussi été donné aux reporters payés à la ligne, ainsi qu'aux soldats de l'infanterie de ligne.

101. Réponse B. - *Fac-similé* (du latin *fac simile*, « fais une chose semblable ») est un mot relevé dès 1829 ; il a le sens de « reproduction, copie d'un original écrit, dessiné, peint ou photographique ». Aujourd'hui, dans la presse, on appelle *système fac-similé* la transmission à distance, par câbles ou par faisceaux hertziens, des pages de journaux composées dans une ville en direction d'autres villes où des imprimeries réceptrices en assurent le tirage.

102. Réponse A. - Un *défoliant* (n. et adj.) est un produit chimique qui provoque la chute des feuilles des arbres et détruit les surfaces végétales.

Le mot est apparu fréquemment dans la presse à propos de la guerre au Vietnam, l'aviation américaine déversant de grandes quantités d'un défoliant - à base de trichlorophénoxyacétique - pour détruire forêts et récoltes. Certains défoliants peuvent se révéler dangereux pour les populations...

103. Réponse B. - Le *passéisme* peut être assimilé au conservatisme, et cela plutôt dans le domaine de la culture (littérature, art...) qu'en politique, où le mot est moins usité. Il s'agit en fait plus d'un profond attachement au passé que d'un refus systématique des nouveautés, du modernisme ; parfois d'une certaine difficulté à comprendre les conceptions futuristes.

Citation : « *Une telle attitude renforcera nécessairement, à terme, les courants les plus passéistes du pays* » (*Le Matin*, 22 octobre 1977).

104. Réponse C. - Un *psychodrame* est un procédé psychanalytique de recherche, de diagnostic et aussi de traitement utilisé pour essayer de guérir certains troubles psychiques. Le *psychodrame* consiste à faire jouer par les malades des scènes de la vie courante, qui cernent leurs préoccupations, afin de leur faire exprimer leurs soucis, leurs problèmes.

Le mot a été repris dans un sens élargi - surtout depuis Mai 1968 - pour évoquer des défoulements collectifs où s'expriment passions et sentiments jusque-là refoulés, tus.

Citation : « *Il saisit la multitude d'apparences que permet de prendre un théâtre tout en restant un : être et paraître. Il organise le psychodrame, et brusquement se donne à lui aussi un rôle : celui du fou.* » (*Le Monde*, 11 novembre 1977, « L'Hamlet duelliste de Philippe Avron », Colette Godard.)

105. Réponse B. - Les *dazibaos* sont, en Chine, des journaux placardés sur les murs. Généralement, ils apparaissent pour annoncer des campagnes idéologiques, amorcer des « chasses aux sorcières », refléter des luttes de clans, expliquer telle action du comité central à l'ensemble de la population, etc.

Citation : « *Cela leur a déjà été reproché en termes très vifs par des dazibaos affichés pendant une dizaine de jours au mois de janvier dernier sur la même place Tien-An-Men (...).* » (*Le Monde*, 22 octobre 1977.)

106. Réponse A. - *Cash flow* (ou *cash-flow*, avec un trait d'union) est un terme d'économie fort répandu (de l'anglais *cash*, « argent, liquidités », et *flow*, « circulation, écoulement »), par lequel on entend, dans un bilan d'entreprise, la somme du bénéfice d'exploitation et des investissements.

Citation : « *(...) cette nouvelle race de managers pour qui "la seule noblesse est celle d'avoir un cash flow convenable"* » (*Le Monde*, 29 octobre 1977).

107. Réponse B. - Le *cartiérisme* doit son nom au journaliste français Raymond Cartier (1904-1975), qui fut le directeur de *Paris-Match*. C'est dans ce journal que, s'opposant à la politique gaulliste d'aide économique aux pays sous-développés, il suggéra de penser plus à la Corrèze qu'au Zambèze. La France étant encore, sur bien des plans, un pays sous-développé et peu, ou mal, équipé, ses gouvernants devaient d'abord - selon le journaliste - s'occuper de l'état de santé de l'économie française. R. Cartier contestait l'utilité de l'aide économique fournie aux pays en voie de développement.

Le mot apparut en 1964.

Citation : « *Les vicissitudes de l'emploi sont telles aujourd'hui que le "cartiérisme" renaît de ses cendres sous des avatars[1] nouveaux* » (Pierre Drouin, « Un nouveau "cartiérisme" », *Le Monde*, 14 octobre 1977).

108. Réponse B. - Une *connotation* est une idée seconde, sous-entendue, attachée à un mot. En logique, le mot désigne la signification plus générale qu'un terme abstrait peut revêtir en sus de l'acception première.

L'adjectif *connoté (e)* est également employé, surtout en linguistique et en psychanalyse : « (...) *tout désir n'est-il pas connoté d'une certaine transgression ?* » (« Les enfants du divorce », *Le Monde*, 17 novembre 1977).

109. Réponse A. - Le *dispatching* est l'organisme, le bureau central, qui assure la répartition des tâches, l'organisation du travail (par exemple, à E.G.F., la répartition de l'énergie électrique). La personne qui s'occupe du *dispatching* porte le nom de *dispatcher* - pour lequel l'équivalent *régulateur* est préconisé.

110. Réponse C. - La *Diaspora* (avec une majuscule) est le nom donné à l'ensemble des communautés juives établies hors de Palestine, et cela surtout à partir de l'« exil » (VIᵉ s. av. J.-C.). Le mot *diaspora*, en grec, signifie : « dispersion ». Par extension, le terme qualifie chaque communauté dont les membres ont dû émigrer dans le monde entier par suite de bouleversements politiques, de guerres, etc.

111. Réponse A. - Le mot *design* (prononcer : « dizaïne ») - terme technique anglais - peut se traduire par « présentation, étude, plan... ». Ce vocable a été adopté au sens de : 1° « esthétique industrielle, lorsqu'il s'agit de concevoir, de

---

1. Noter ici l'emploi correct du mot *avatar*, au sens de « métamorphose », « représentation ».

créer, des objets usuels à la fois utiles et agréables à la vue » ;
2° « création d'ensembles mobiliers (meubles, tentures, etc.)
qui - par leurs formes, leurs textures et leurs couleurs -
aboutissent à une parfaite harmonisation ». Cela est également vrai pour l'urbanisme. L'Américain Raymond Loewy
est le *designer* (« concepteur-dessinateur », « projeteur-dessi-
nateur ») le plus célèbre de ces dernières années.

112. Réponse B. - *Corpus* (du lat. *corpus (juris)*, « recueil de
droit », est le nom donné, depuis le XIXe s., à un recueil de
documents formant... corps - concernant la même matière.
Plus récemment (vers 1950), sous l'influence du sens anglo-
américain, le mot est pris pour désigner le volume qui, en
plus de l'index alphabétique, permet, en présentant un
« dossier » de base sur un sujet, un thème ou un phénomène
particulier, une consultation plus aisée d'une encyclopédie.
En linguistique, le *corpus* est un inventaire d'énoncés
constituant la matière brute d'où devrait sortir le dictionnaire
complet de notre langue.

113. Réponse B. - Une *supérette* est un magasin qui,
appliquant les méthodes des supermarchés, n'a qu'une surface
très réduite : de 200 à 400 m², dit-on. Cette surface modeste
permet aux *supérettes* de s'implanter dans les villes.

114. Réponse A. - Du mot grec ancien *sumposion*, « banquet,
festin », on a accueilli en français les termes *symposium* et
symposion, avec le même sens. Par allusion au dialogue de
Platon intitulé *Le Banquet*, où un seul sujet (en l'occurrence
[deux *c* et deux *r* !] l'amour) était traité par divers orateurs,
symposium a revêtu l'acception de « réunion de travail, séance
de réflexion, consacrées à un même thème ».

115. Réponse C. - *Lumpenproletariat* (sans accent aigu) est
un mot allemand (de *Lump*, « gueux, canaille, va-nu-pieds,
misérable », et *Proletariat*), terme marxiste désignant la partie
du prolétariat constituée par ceux qui ne disposent d'aucune
ressource stable. Certains dictionnaires ajoutent : « qui vivent
de mendicité, de rapines » (dans ce cas, peut-on alors parler
de « prolétariat » ?).

116. Réponse B. - La *collégialité* est le terme qualifiant la direction d'une société, d'un parti, d'une association où les responsabilités sont exercées à égalité de pouvoirs par plusieurs membres. Ce mot est fréquemment utilisé dans le domaine religieux, pour désigner un groupe d'évêques, de prélats, etc., sorte de Parlement où des décisions peuvent être prises, en dehors du Vatican.

Le corps constitué par l'ensemble des cardinaux de l'Église romaine porte le nom de « Sacré Collège » (avec deux majuscules).

117. Réponse B. - Le mot anglais *stress* (« tension, violence ») a été adopté, vers 1950, dans le langage médical. Il désigne l'ensemble des perturbations organiques et psychiques amenées par des « agresseurs » (froid, panique, choc, intoxication...). Le terme qualifie à la fois l'action agressive et la réaction à cette agression. Le *stress* peut être recherché par une personne en quête d'émotions, ou comme un choc salutaire...

118. Réponse C. - On entend par là la coexistence de deux langues - donc un bilinguisme - dans une même région, ou la concurrence régionale ou locale de deux formes d'une même langue, l'une généralement plus populaire, l'autre plus savante.

Citation : « *La langue peut varier selon qu'elle est parlée, lue ou écrite, utilisée en famille ou dans le milieu professionnel, avec le conjoint, le père, la mère ou les enfants. Les linguistes parleraient en l'occurrence de diglossie, c'est-à-dire d'un bilinguisme sélectif, d'un usage variant selon les lieux, les moments, les situations.* »

119. Réponse A. - *Chronothérapie* est un terme nouvellement apparu en médecine. Cette méthode consiste dans l'administration des médicaments à des heures précises de la journée, à des moments où il semble que la médication obtienne la plus grande efficacité.

120. Réponse B. - Un *processeur* (mot formé d'après l'anglais *process*, « procédé ») est un organe d'ordinateur exécutant un traitement évolué, ou bien le programme général d'un système d'exploitation informatisé. Un *microprocesseur* est un organe d'ordinateur miniaturisé : «*(...) progrès auquel l'extraordinaire (et généralement ignorée) mutation technologique due aux microprocesseurs peut donner accès*» (*Le Monde*, 14 septembre 1977).

121. Petit piège : deux versions sont bonnes (A et B) ! La seconde est, de loin, le sens sous lequel le mot *déflation* figure le plus souvent dans la presse. La *déflation* est, en économie, un état de déséquilibre dans lequel on relève l'insuffisance de la demande alors qu'il y a une production excédentaire. Les prix pourraient donc diminuer, mais ils ne peuvent être baissés, à cause de la rigidité des coûts.

Faute de ventes, la main-d'œuvre devient excédentaire - et le chômage survient, tandis que les salaires ne progressent plus. La masse monétaire est importante, mais l'argent est thésaurisé et ne sert pas à effectuer des achats.

Citation : «*(...) l'économie mondiale pourrait bien être entraînée subrepticement par un dangereux mouvement de ce que l'on appelle "déflation" (laquelle finit toujours, sous une forme ou une autre, par être le dénouement de l'inflation) et propre à conduire à une nouvelle crise de l'activité économique*» (*Le Monde*, 30 septembre 1977).

122. Réponse B. - *Brain-trust* (n. masc. de *brain*, «cerveau», et *trust*) est un terme anglo-américain adopté sous sa forme anglo-saxonne depuis les années 1930. Le «français» contemporain a recueilli d'autres anglicismes fondés sur *brain* : 1° *brain-drain* («fuite des cerveaux», désigne généralement l'installation aux États-Unis de savants, de cadres étrangers) ; 2° *brain power* («pouvoir des cerveaux», pouvoir scientifique et technique détenu par les savants, les ingénieurs, les économistes, etc., et indépendant du pouvoir politique) ; 3° *brain storming* (en un seul mot dans certains dictionnaires) («tempête des cerveaux», méthode de travail en groupe où chacun présente spontanément ses idées, exprime ses pensées).

123. Réponse A. - L'*agriplane* est un véhicule sur coussin d'air utilisé en agriculture pour l'épandage du fumier, des engrais... L'avantage de cette sorte d'aéroglisseur est de pouvoir se déplacer sur des terres détrempées.

124. Réponse C. - *Conurbation* (n. fém., du latin *cum*, « ensemble », et *urbs*, « ville ») est le nom par lequel on désigne l'agglomération constituée par la réunion, du fait de l'extension des tissus urbains respectifs, de plusieurs villes. L'ensemble Lille-Roubaix-Tourcoing est un exemple de *conurbation*.

125. Réponse B. - La *périnatalité* (n. fém. répandu à partir de 1950) est le terme par lequel on entend la période qui précède et qui suit immédiatement la naissance (grec *peri*, « autour de »). La *périnatalogie* est une spécialité récente, où pédiatres et obstétriciens collaborent dans l'étude de la physiologie et de la pathologie du nouveau-né, avant, pendant et après la naissance.

126. Réponse C. - Un *magnétoscope* est un appareil qui permet l'enregistrement de l'image électronique sur une pellicule magnétique - procédé analogue à l'enregistrement du son par un magnétophone.

127. Réponse A. - L'*optimalisation* (ou *optimisation*, voire *optimation*) est le fait d'obtenir d'une entreprise, d'une machine, le rendement optimum dans le minimum de temps. Par extension, au figuré, la perfection obtenue dans des recherches, des études : « Il s'efforçait d'atteindre l'optimalisation de sa vie ».

128. Réponse C. - Un *vraquier* est un navire qui transporte des marchandises en vrac. L'équivalent anglais est : *bulk carrier*.

129. Réponse A. - La *surréservation* - qui a pour synonyme le « franglais » *sur-booking* - est une pratique observée par certaines agences de voyages. Elle consiste à retenir sur des vols à même destination un nombre de places supérieur à leurs besoins, afin de pouvoir éventuellement assurer de tardives locations. Toutefois, ce procédé porte généralement préjudice aux compagnies aériennes, car les places réservées en excédent sont la plupart du temps annulées.

130. Réponse C. - Un *adacport* (équivalent anglais : *stolport*) est un aéroport destiné à accueillir des avions à décollage et atterrissage courts dits « adac », d'après le sigle A. D. A. C. (Avion à décollage et atterrissage courts).

131. Réponse B. - L'*acculturation* (avec deux *c*) est le terme désignant le passage d'un individu ou d'un groupe d'un milieu social à un autre, de la culture originelle à une culture différente. Un changement de travail, d'habitudes, de lieu de résidence, peut entraîner une nécessaire adaptation ; ce phénomène d'adaptation est une *acculturation* (préfixe *a(d)*, « vers »).

L'*aculturation* (avec un seul *c*, préfixe *a* privatif) signifie l'absence complète de culture.

132. Réponse C. - *Shingle* est l'équivalent anglais de « bardeau » (de *barde*, « armure »). Il s'agit de planches minces en bois ou en produits industriels étanches, qui servent à couvrir des toits ou à protéger des murs exposés à la pluie.

Les quelques notes-leitmotive que l'on entend sur les antennes radiophoniques - indicatifs de la station, d'une émission ou propres à un animateur - sont des *jingles* (mot anglais : *to jingle*, « tinter, cliqueter »).

133. Réponse A. - *Clairance* est un mot préconisé par l'Administration et qui a commencé à être employé vers 1970 pour remplacer son équivalent anglais *clearance* (« enlèvement », « épuration »). La *clairance* est le coefficient exprimant les possibilités d'un organe ou d'un tissu lorsqu'il s'agit d'éliminer d'un fluide de l'organisme une substance donnée.

La *clairance* d'un corps égale au rapport de la quantité de ce corps éliminée par le rein en une minute à la concentration plasmatique de la substance étudiée.

134. Réponse C. - L'*aquaplaning*, ou *aquaplanage*, est le nom donné au dérapage d'une voiture provoqué par la formation, entre une chaussée très humide, qui ruisselle d'eau, et les pneumatiques du véhicule, d'une pellicule d'eau qui empêche toute adhérence.

Certains ont proposé l'équivalent « hydroglissage ». Rappelons qu'un *aquaplane* est une sorte de planche tirée sur l'eau par un canot automobile - et sur laquelle on se tient debout : un monoski, donc. Tout comme le « monoski-sport » se pratique avec un « monoski-planche », l'*aquaplane* désigne à la fois la planche et le sport.

135. Réponse A. - La *bionique* est une science qui consiste à étudier le fonctionnement des organes des animaux afin d'en tirer des enseignements, des « idées », susceptibles de fournir à l'homme des solutions à des problèmes en cours d'étude, ou de concourir à l'amélioration des qualités physiques et intellectuelles de l'être humain.

136. Réponse B. - L'École nationale d'administration (E. N. A.) a donné naissance au vocable familier *énarque* (n. masc. et adj.), qui s'applique à un élève ou à un ancien élève de l'École, à ce qui concerne l'E. N. A. : « les énarques choisissent de préférence la carrière préfectorale », « l'esprit énarque ».

137. Réponse B. - L'*îlotage* (noter l'accent circonflexe sur le î, comme dans *île*) - pratique préconisée actuellement par beaucoup de responsables de la sécurité face à la recrudescence du banditisme - consiste à confier à un même policier (*îlotier*) la surveillance d'un groupe (ou *îlot*) de maisons. Cet agent de quartier doit résider dans ce petit groupe d'immeubles, dont il est ainsi à même de bien connaître les habitants, les lieux...

Un *ilote* était, à Sparte, un esclave. Par extension, le mot en est venu à désigner une personne servile, une loque humaine, une épave... La condition des ilotes, et, par extension, un état d'asservissement, d'abjection, porte le nom d'*ilotisme*.

138. Réponse A. - Un *tachygraphe* (du grec *takhus*, « rapide ») est un appareil enregistreur de vitesse. C'est le nom officiel de la « boîte noire ».

A noter que *tachygraphie* fut au XVIIIe s. un synonyme de « sténographie ».

139. Réponse A. - Le *dumping* est une pratique commerciale qui consiste à vendre une marchandise sur un marché étranger à un prix inférieur au prix de revient des firmes concurrentes, ou inférieur à celui du marché intérieur.

A un échelon plus modeste, la pratique du *dumping*, pour un supermarché, un commerçant, etc., revient à vendre à perte, à proposer à un prix de vente inférieur au prix d'achat, quelques articles « mis en promotion » afin d'attirer la clientèle. L'affluence des acheteurs compense largement les pertes subies sur ces « articles-réclames ».

Citation : « *Toute importation effectuée en dessous de tels prix de référence entraînerait l'imposition de droits compensatoires, qui seraient consignés jusqu'à la fin de l'enquête menée pour savoir s'il y a dumping ou non.* » (*Le Monde*, 11 novembre 1977.)

140. Réponse B. - *Corticoïdes* est le nom qui désigne les *corticostéroïdes* naturels, substances sécrétées par la partie périphérique des glandes surrénales (cortex), ainsi que les corticostéroïdes de synthèse, dérivés de la cortisone.

Les *corticoïdes* sont employés en cas d'insuffisance endocrinienne, ou comme anti-inflammatoires et immunodépresseurs.

141. Réponse B. - L'*ergothérapie* (du grec *ergon*, « travail ») est un traitement consistant à s'opposer aux conséquences de l'ennui, de l'inactivité, de l'immobilité, en proposant une « cure de travail ». En fait, il s'agit plutôt de préconiser la participation à des activités variées : bricolage, jardinage, lecture, jeux de société, etc.

L'*ergothérapie* s'adresse particulièrement au « troisième âge » ou aux personnes atteintes de dépression.

142. Réponse A. - L'adjectif *caritatif* (du latin ecclés. *caritas*, « amour du prochain ») qualifie toutes les sociétés, associations, etc., qui font œuvre de charité, d'entraide...

143. Réponse B. - Un *sit-in* (littéralement : « s'asseoir là ») est une manifestation pacifique, qui consiste à s'asseoir par terre, dans la rue, devant un ministère, devant la police, etc. Ce genre de démonstration a vu le jour aux États-Unis (vers 1960).

144. Réponse C. - L'*intégrisme* est l'attitude de certains catholiques qui s'attachent à la tradition (par exemple, la messe en latin), qui veulent maintenir l'intégrité de la doctrine. Par extension, le terme qualifie le comportement de ceux qui, au sein d'un parti politique, d'une association, s'opposent à toute réforme des structures, à toute révision des statuts, à toute évolution doctrinale.

145. Réponse B. - *Lobby*, mot anglais (« couloir » - *lobbyism*, « intrigues de couloir ») répandu et adopté dans les années 1950, désigne un « groupe de pression », réunion de gens associés par des intérêts communs (économiques et [ou] politiques) et qui interviennent de façon pressante auprès des pouvoirs publics, du Parlement, des partis politiques, des administrations, de la presse, etc.

Citation : « *Au sein du parti libéral démocrate, les intérêts de la paysannerie sont défendus par plusieurs lobbies, dont l'un des plus importants est la Ligue des parlementaires des fruits* » (*Le Monde*, 6 décembre 1977).

146. Réponse A. Si le substantif *autarcie* (du grec *autarkeia*, « qui se suffit à lui-même ») est connu depuis longtemps : il s'agit d'un régime économique d'un État qui entend se suffire à lui-même, l'adjectif dérivé, *autarcique*, est de création récente.

Citation : « *(...) j'estime que ce projet appelle quatre grandes séries de remarques : il présente une thérapeutique dangereuse, voire erronée pour sortir de la crise ; il comporte des lacunes et des contradictions qui dissimulent mal une logique autarcique très profonde (...)* » (*Le Monde*, 10 décembre 1977).

147. Réponse B. - La *xénophobie* est une forme généralisée du racisme. C'est l'hostilité, voire la haine, pour tout ce qui est étranger.

Citation : « *Son humour corrosif et tendre au premier degré s'exerce sur les problèmes posés aux hommes d'aujourd'hui : le racisme, la xénophobie, le chômage, la guerre.* » (*Le Matin*, 27 octobre 1977.)

148. Les réponses A et B sont exactes. Le *malthusianisme* doit son nom à l'économiste britannique Thomas Malthus

(1766-1834), qui, voyant dans l'augmentation régulière de la population un danger pour la survie du monde, préconisait la restriction des naissances.

Le *malthusianisme* est donc une doctrine qui recommande la limitation des naissances, afin d'éviter une surpopulation qui se révélerait catastrophique. Par extension, en économie, le terme désigne un ralentissement volontaire de l'expansion, de la production.

Citation : « *Gardez-vous d'apparaître comme des irréalistes passéistes ou des malthusiens*", a lancé Giscard d'Estaing aux écologistes. » (*Le Figaro*, 14 octobre 1977.)

149. Réponse B. - Couramment utilisé par les radiologues, les chirurgiens, etc., le *négatoscope* (de « négatif ») est un écran lumineux où peuvent être examinés par transparence les négatifs radiographiques.

150. Réponse C. - Néologisme assez récent, *nébuliseur* est le nom attribué à un pulvérisateur qui projette des gouttelettes très fines.

Abusé par la parenté avec *nébulisation*, ne pas dire ou écrire « nébulisateur ».

151. Réponse A. - *Idiolecte* est un terme de linguistique apparu vers 1960. Le *Dictionnaire de linguistique* Larousse déclare : « On désigne par *idiolecte* l'ensemble des énoncés produits par une seule personne (...). » Pour Jacques Cellard (« L'identité culturelle », *Le Monde*, 9-10 octobre 1977), c'est un *« discours qui (...) n'est réductible à aucun autre »*. Rappelons qu'un *idiotisme* est une locution, une expression ou une construction propre à une langue : les *gallicismes* sont les idiotismes propres au français.

152. Réponse B. - Les *« terrains d'aventure »* représentent une expérience originale, due à l'association « Action terrain pour l'aventure », constituée en 1975. Les responsables de l'association ont défini récemment le « terrain d'aventure » comme un « espace ouvert aux enfants et aux adultes du quartier, dont l'entrée est libre et gratuite, où l'espace peut être aménagé et où les activités ne sont pas imposées » (« La vie éphémère des "terrains d'aventure" », *Le Monde*, 30 novembre 1977).

153. Réponse C. - Le *sérialisme*, mot apparu vers 1950, est le caractère propre de la musique dite « sérielle », qui consiste dans l'emploi systématique de la *série* des douze tons de la gamme chromatique - à l'exclusion de tout autre son - et cela en musique atonale.

Citation : *« Cet accord du chef et de l'orchestre s'épanouissait aussi dans les* Variations op. 31 *de Schoenberg [...]. Cette partition-phare du* sérialisme *semblait couler de source [...]. »*

154. Réponse A. - Les *montants compensatoires monétaires* sont appliqués dans les échanges agricoles de la Communauté économique européenne pour annuler, à l'intérieur de celle-ci, l'effet des variations monétaires.

Citation *(extraite d'une dépêche de presse du 6 novembre 1977)* : « *Les ministres de l'Agriculture des Neuf auront lundi un premier débat sur les propositions de la commission de supprimer progressivement les montants compensatoires monétaires.* Elle estime que ces montants faussent le jeu de la concurrence. »

155. Réponse A. - On appelle *zéro-pâturage* une méthode d'élevage, ou plutôt d'engraissement, des animaux de boucherie de laquelle l'embouche (c'est-à-dire le pacage, l'alimentation sur prairie) est totalement exclue ; les bêtes sont engraissées en lieu clos et croissent beaucoup plus vite.

Citation : « [...] *des vaches en zéro-pâturage (qui ne sortent pratiquement pas des étables-hangars où tout leur est fourni, aliments complets et vitamines...)* ».

156. Réponse C. - Le *kwic* - entré au *Supplément II* (1975) du Grand Larousse encycl. - est en réalité formé sur un sigle : K. W. I. C., d'après l'anglais *Key World In Context*. Le mot est apparu, en informatique, vers 1970. Appelé également « index permuté », c'est un index d'un genre perfectionné où les divers mots d'un titre ou d'une mention apparaissent tour à tour dans leur ordre alphabétique, si bien qu'on peut le consulter en se référant à l'un ou à l'autre.

157. Réponse C. - S'il s'agissait d'un spécialiste de la douleur, ce ne pourrait être qu'un « algologue » (du grec *algos* : « douleur ») ; mais le mot, qui existe, signifie tout autre chose : un algologue est un botaniste qui s'occupe des algues. Bien que la civilisation achéenne ait eu Argos pour capitale, un *argologue* n'est pas non plus quelqu'un qui se passionne pour l'histoire de l'Argolide. Non, c'est tout simplement - mais ce néologisme est de formation bâtarde un peu hardie - un spécialiste ou un technicien de l'argot.

Citation (où l'auteur a placé le mot entre guillemets) : « *Deux verbes* marer *ont existé au siècle dernier* [...] *au témoignage des "argologues"* :

le premier avait le sens d'ennuyer, *le second celui d*'amuser » (Jacques Cellard, « La langue verte au pouvoir », *Le Monde,* 27-28 novembre 1977).

158. Réponse B. - Sont dits *géostationnaires* les satellites artificiels qui semblent immobiles au-dessus d'un point donné de la Terre, parce qu'ils suivent exactement le mouvement de rotation dont elle est animée. Ces engins spatiaux sont placés sur orbite à 36 000 kilomètres d'altitude. L'adjectif *géostationnaire* est parfois appliqué, par extension, à l'orbite elle-même.

Citation : « *Le Synchronus Meteorological Satellite (S. M. S.), que les États-Unis ont lancé en mai 1974 sur une orbite géostationnaire, reçoit (...) des informations provenant de dix mille stations (...)* » (*Le Monde,* 30 mars 1977).

159. Réponse C. - C'est un collectionneur de souvenirs, pratiquant l'*érinnophilie* ; on a, entre autres, désigné ainsi les personnes qui collectionnaient les couvercles de boîtes à fromage : ces collectionneurs étant toutefois le plus souvent désignés par le terme de *tyrosémiophiles* (du grec *turos,* « fromage », et *semeion,* « signe »). Le mot vient de l'allemand *sich erinnern,* « se souvenir », et est apparu vers 1950. Le mot *érinnophilie* s'applique notamment à la collection des vignettes autres que les timbres-poste.

Les deux premières définitions sont fantaisistes, quoique imaginées à partir de vocables existants (Érinyes, erinus).

160. Réponse B. - Le « *samizdat* », nom masc., est un mot russe signifiant « autoédition ». Ce mot est venu à la mode avec la diffusion clandestine - et l'arrivée en Europe occidentale, par des moyens divers - de manuscrits d'écrivains politiques dont les ouvrages, en U. R. S. S., étaient interdits. Le mot a été repris par des auteurs s'autoéditant - indiquant par là qu'ils n'avaient ni éditeur ni imprimeur.

Nicole Zand, dans *Le Monde* du 14 décembre 1977, décrit, au sujet d'un chanteur soviétique, le moyen du « magnetizdat » (les chansons interdites sont quasiment « éditées » sur bandes magnétiques, copiées et recopiées).

161. Réponse C. - Une *endorphine* est une molécule du cerveau.

Citation : « *Il existe dans notre cerveau des molécules qu'on appelle "récepteurs", destinées à fixer certaines substances qui jouent un rôle dans la sensation de souffrance ou de plaisir, ou même d'angoisse ou de bonheur. Certains de ces récepteurs, les endorphines, ont un rôle très voisin de celui de la morphine (...)* » (Claude Yelnick, *France-Soir*, 16 septembre 1977).

162. Réponse B. - Le *quart-monde*, selon le mouvement Aide à toute détresse fondé par l'abbé Joseph Wreszinski, « *commence là où le manque d'instruction (...), (le défaut) de culture, de travail reconnu, de revenus sociaux et de salaire, de logement et de santé, de pouvoir politique et syndical sont inextricablement entremêlés* » (« Le quart-monde en France : deux millions de personnes », *Le Monde*, 17 novembre 1977). « Prolétariat en haillons » selon Karl Marx, le *quart-monde* désigne bien le sous-prolétariat, les « exclus » de la société de consommation.

163. Réponse B. - La *convivialité* résume en un mot l'art et l'habitude de vivre ensemble harmonieusement. Ce terme s'est répandu à partir de la publication par l'essayiste Ivan Illich, en 1973, de son livre *La Convivialité*, où il dénonce le mythe de la croissance indéfinie cultivé dans les sociétés industrielles modernes.

Citation : « *La vie associative et participative, ce qu'"Échange et projets" a appelé "l'autogestion de la vie quotidienne", c'est-à-dire une société plus* conviviale, *à la fois mieux organisée, plus libre et plus juste (...), est-ce l'utopie ?* » (Pierre Viansson-Ponté, « Vers une autre société », *Le Monde*, 27-28 novembre 1977).

164. Réponse B. - Vers 1960, on a vu apparaître le substantif fém. *thèque,* au sens de « service centralisant les livres, disques, photos, films, bandes magnétiques... nécessaires au bon fonctionnement d'une entreprise ». Ce service est dirigé par un(e) *thécaire.* Formé sur le préfixe *dia,* « à travers », utilisé ici comme diminutif de *diapositives,* et le suffixe *thèque,* « armoire », le mot *diathèque* désigne le lieu où sont classées et conservées des diapositives.

165. Réponse A. - La *balkanisation,* terme apparu au début de ce siècle, est un processus de fragmentation découlant soit de la volonté d'un État qui veut démanteler une puissance rivale ou ennemie, soit de mouvements nationalistes œuvrant au sein d'un ensemble territorial - cela aboutissant à la formation de nouveaux États, moins puissants généralement.

Par extension, le mot s'emploie pour désigner une situation qui détermine une division, une partition, une parcellisation.

Le terme vient de « Balkans ». La rivalité entre l'Empire ottoman, la Russie, l'Autriche et l'Angleterre dans la péninsule balkanique permit aux peuples qui y vivaient d'obtenir leur indépendance. Cette morcellisation est à l'origine de l'adoption du mot *balkanisation* pour parler d'une partition.

166. Réponse C. - L'adjectif « dans le vent » *factuel(le)* est employé, le plus souvent dans le « show-business » ou par certains linguistes ou psychologues, pour désigner tout ce qui ne touche que les faits : « Si l'on considère uniquement l'aspect *factuel* du dossier (...). »

167. Réponse A. - Le *craquage* est un procédé thermique ou catalytique visant à accroître la proportion relative des composants légers d'une huile par modification de la structure chimique des éléments constituants. Il est recommandé d'utiliser ce terme, plutôt que son équivalent anglais : *cracking*.

Les très bons chevaux de course et, familièrement, les élèves forts en thème ou les personnes brillant dans un domaine sont des *cracks*.

168. Réponse C. - I.G.A.M.E., que l'on écrit maintenant « *igame* », est un mot formé sur un sigle : Inspecteur Général de l'Administration en Mission Extraordinaire. Pour simplifier, disons que c'est un « super-préfet ». La région placée sous l'autorité d'un *igame* a pris le nom d'*igamie*.

169. Réponse A. - Le mot *quasar* est une forme abrégée de l'américain *quas(i) (stell)ar (object)*, expression qualifiant, en astronomie, une radiosource de très grande puissance. On pense que les *quasars* correspondaient à une phase de l'évolution de certaines galaxies. Toutefois, on ne sait pratiquement rien du phénomène responsable de l'extraordinaire luminosité des quasars.

170. Réponse A. - Le sigle *P. N. B.* signifie «*produit natio-nal brut*». Cette notion désigne l'ensemble de la production globale d'un État ainsi que de ses achats à l'extérieur pour une année.

171. Réponse A. - Le *dolorisme* est une théorie philoso-phique traitant de la nécessité de la douleur. Julien Teppe, auteur du *Manifeste du dolorisme*, précise dans *Les Caprices du langage* (Le Pavillon-Roger Maria, 1970), que c'est «*Paul Souday qui, le premier, employa* dolorisme, *le 6 mars 1919, en son feuilleton littéraire du* Temps *consacré au livre de Georges Duhamel* La Possession du monde : "Il donne cette fois en plein, écrivait-il, dans ce que j'appellerai le *dolorisme*, c'est-à-dire la théorie de l'utilité, de la nécessité, de l'excel-lence de la douleur (...)"*».

172. Réponse C. - Un *scraper* (de l'anglais *to scrape*, «gratter» ; *cf. sky-scraper*, «gratte-ciel») est un engin de terrassement, tracté ou automoteur, constitué par une benne surbaissée permettant d'araser le sol par raclage. Ensuite, cette machine emmagasine et transporte les matériaux ramassés vers un point de décharge. Le mot français (n. fém.) *décapeuse* est préférable.

173. Réponse A. - *Festif(ive)* est un adjectif depuis peu à la mode, qualifiant tout ce qui a rapport à la «fête», au sens de «défoulement général» d'un groupe social : «Le caractère *festif* de ces cérémonies naguère figées...».

174. Réponse B. - Le terme *futuribles* a été formé à partir de l'expression *futur(s) (poss)ibles*. Le mot est attribué à Bertrand de Jouvenel, mais certains ont avancé qu'il se trouve déjà dans les textes du jésuite espagnol Luis Molina (1536-1600). Les «futurs possibles» représentent les futurs qui devraient vraisemblablement découler des choix politiques et sociaux actuels. L'équipe réunie autour de B. de Jouvenel essaie de déterminer quelles seraient les meilleures options pouvant infléchir l'avenir vers un développement harmonieux et heureux - afin de communiquer aux personnalités respon-sables les résultats de ces recherches.

175. Réponse B. - Le *monitorage* (ou « *monitoring* ») est l'ensemble des méthodes de surveillance, de contrôle et d'analyse immédiate qui recueillent sur le malade (en réanimation médicale ou chirurgicale) les informations essentielles pour sa surveillance. Ces techniques s'adressent à des malades dont la vie est en danger.

Citation : « *En France, en 1977, des femmes accouchent accroupies sur un tapis de haute laine, d'autres ligotées dans leur lit par les électrodes du monitoring* » (*Le Matin*, 27 octobre 1977).

La formation de moniteur, tout comme sa fonction, porte le nom de *monitorat*.

176. Réponse A. - L'*holographie* est une méthode de photographie en trois dimensions - en relief - utilisant les interférences issues de deux faisceaux lasers.

Citation : « *L'holographie exige, en effet, que l'on fasse se combiner une onde diffractée avec une onde de référence* » (*Le Monde*, 14 septembre 1977).

177. Réponse C. - Terme d'économie formé sur « stagnation » et « inflation », *stagflation* qualifie la situation d'un pays atteint par l'inflation et dont le développement économique s'effectue mal.

178. Réponse A. - *Happening*, mot anglais qui signifie « événement », est utilisé depuis les années 1960 pour parler d'un spectacle théâtral, musical, où il est fait appel à la participation active du public, afin d'obtenir une « création artistique » originale.

On appelle *happening* tout spectacle-défoulement se produisant spontanément dans la rue, dans une église - n'importe où, en vérité - où les passants, les spectateurs, peuvent se mêler à cette démonstration de fête collective, voire de manifestation à caractère de propagande.

Citation : « *Auparavant, il y avait eu le « théâtre zéro », puis la période des happenings* » (« Tadeusz Kantor, le maître », Mathilde La Bardonnie, *Le Monde*, 14 octobre 1977).

179. Réponse B. - On a détecté dans le cosmos une sorte de rumeur qui mettrait fin à l'illusion pascalienne du « silence des espaces infinis ». Certains supposent, sinon affirment, que ce bruit serait le prolongement atténué, mais non éteint encore, de la formidable détonation qui dut accompagner l'explosion initiale du chaos de matière d'où sortit la dispersion des astres dans l'espace. C'est cette détonation originelle - dont une résonance assourdie serait encore perceptible - qu'on a appelée le *grand bang*.

180. Réponse C. - *Thesaurus* (mot lat. : « trésor ») est un terme fort à la mode pour désigner une sorte de dictionnaire considéré comme exhaustif, un lexique spécialisé très complet. En informatique, le mot qualifie un lexique complexe consacré à un thème, à une discipline.

Le mot français *trésor* est d'ailleurs donné à des travaux linguistiques, à des dictionnaires qui se veulent *exhaustifs* : « le *Trésor de la langue bretonne* comporte dix volumes in-4° ».

181. Réponse B. - L'*autisme* est une perturbation caractérisée par un repli sur soi-même, une perte de contact avec la vie, avec la réalité, l'absence de communication verbale...

Citation : « *L'autisme*, écrivait Lamm, *c'est le refus de la réalité existante, remplacée par une réalité qui est une image de rêve.* » (Rapporté par P. Vidal-Naquet, *Le Monde*, 3 décembre 1977.)

182. Réponse A. - « *En solo* » est une expression applicable à un véhicule destiné par sa conception à faire partie d'un ensemble de véhicules articulés ou couplés, lorsqu'il circule seul - sans sa remorque ou sa semi-remorque.

183. Réponse B. - On entend par *surrégénérateur* (mot d'abord ratifié comme adjectif, puis comme substantif) un réacteur ou une pile atomique dans lesquels les noyaux fissiles produits sont en nombre supérieur à ceux qui sont utilisés pour la production d'énergie. La forme *surgénérateur,* moins employée actuellement, est un synonyme de bon aloi.

Citation : « *Le président américain (...) en profitait pour condamner la phase industrielle du retraitement des combustibles irradiés provenant des centrales, en expliquant qu'elle permettait notamment de produire du plutonium, matériau de prédilection de la bombe ato-*

mique. Il condamnait aussi les surrégénérateurs, ces super-centrales qui ont la particularité de consommer le plutonium en question. » (*Le Matin*, 22 octobre 1977.)

184. Réponse A. - D'abord réservé au langage médical, *drastique* se dit de purgatifs énergiques. Les Anglo-Saxons en ont étendu l'emploi, pour désigner tout médicament à l'action très efficace, violente.

Par analogie, cet adjectif - en conservant le même sens - est entré dans le vocabulaire de l'économie : « un encadrement *drastique* (sévère, rigoureux) du crédit ».

185. Réponse A. - La *vidéotransmission* - système intermédiaire entre le cinéma et la télévision -, bien que remettant en cause le monopole de l'État, semble pouvoir être autorisée un jour. M. Giscard d'Estaing, le 24 novembre 1977, lui donnait sa caution.

La *vidéotransmission* (expérimentée en mai 1977 en Auvergne) «*permet de diffuser par voie hertzienne, depuis une régie située aux Buttes-Chaumont, des images captées dans un stade, un théâtre ou tout autre lieu privé ou public et de les projeter sur grand écran dans une ou plusieurs salles aménagées à cet effet*» (A. R., *Le Monde*, 30 novembre 1977).

186. Réponse C. - Une *Z. A. D.* (zone d'aménagement différé) est une zone créée par l'Administration, et où a été établi un droit de préemption : le propriétaire d'un terrain situé dans cette Z. A. D. doit, avant de le vendre, le déclarer officiellement. L'Administration peut alors se porter acquéreur... et c'est elle qui fixe le prix, comme en matière d'expropriation.

On a vu, pour « Z. U. P. », apparaître les dérivés populaires *zuper* et *zupés* (ainsi que *zupéen[ne]*). Ici, les dictionnaires les plus récents mentionnent *zader*, *zadage* - et dans la presse on trouve parfois l'adjectif *zadé*.

187. Réponse A. - Le *clonage* est, selon le docteur J.-F. Lacronique (*Le Monde*, 14 mars 1978), «*l'implantation de matériel génétique complet provenant d'un être vivant dans les cellules d'un autre (...). L'embryon qui est issu d'une telle opération ne résulte alors pas d'une recombinaison de deux* cellules sexuelles, mais d'une seule cellule, qui reconstituerait un individu ayant le même patrimoine génétique que son "père" ».

Les « bébés-éprouvette » qui seraient obtenus, par ce procédé, à partir d'un même « père » devraient être rigoureusement identiques, sans doute ?...

188. Réponse C. - La *zeugmatographie* est un procédé d'exploration médicale dont le principe a été décrit en 1973 par le docteur américain Paul C. Lauterbur.

Le principe réside dans l'absorption par la matière de rayonnements électromagnétiques « couplés » de longueur d'onde précise.

189. Réponse B. - Le *fermi* (d'après le nom du physicien italien Enrico Fermi) est une unité de longueur valant... un milliardième de micron !

Citation : « (...) et que les diamètres des noyaux (d'atomes), *en excluant les noyaux très légers, sont compris entre 6 et 17 fermis (...) »* (Maurice Arvonny, « À l'échelle du milliardième de micron », *Le Monde*, 14 décembre 1977).

190. Réponse A. - La *cryogénisation* consiste à abaisser la température d'un corps à − 190 °C afin de le conserver. Cette action peut concerner soit des cadavres (certains pensent que les corps cryogénisés pourront être ranimés, grâce à une technique qui est encore à inventer), soit le corps de malades considérés actuellement comme incurables mais dont les maladies pourraient être traitées dans quelques décennies en raison des progrès de la médecine et de la chirurgie (mais, cela, si l'on peut ranimer ces corps !...).

191. Réponse C. - Si *underground* (n. et adj.), en anglais, désigne le métro, ce mot a été pris, par extension, des deux côtés de l'Atlantique, pour qualifier divers spectacles d'avant-garde ou des films expérimentaux tournés hors des circuits commerciaux.

192. Réponse B. - En informatique, une *console* est le terminal d'un ordinateur permettant le « dialogue » homme-machine.

La *console* comporte un clavier imprimant et éventuellement un écran de visualisation.

193. Réponse C. - *Tabloïd* (n. m. et adj.) est le terme par lequel on désigne un journal (quotidien ou hebdomadaire) dont le format est la moitié de celui traditionnellement adopté par la presse.

Ce format tend à être de plus en plus répandu.

194. Réponse B. - L'*allotement*, terme dérivé d'*allotir*, désigne la répartition des animaux en lots pour l'expédition ou l'engraissement.

Citation : « *Ainsi les jeunes bovins destinés à l'engraissement subissent successivement un transport dans un centre d'allotement, un regroupement, un séjour temporaire dans ce centre* » (« L'élevage en France », *Le Monde, Dossiers et documents* n° 55, novembre 1978).

195. Réponse A. - Le *couponing* (« franglais » : coupon + *ing*) est une technique consistant à envoyer à domicile des documents publicitaires comportant un coupon détachable, que les personnes intéressées doivent remplir et renvoyer.

196. Réponse C. - La *prégnance* est un terme de psychologie qui désigne la qualité par laquelle une structure s'impose à nous avec force. L'adjectif *prégnant(e)* est, de nos jours, très souvent utilisé, au sens de « qui s'impose avec force » (psychologie).

Citation : « *(...) cette officialisation de la crise conjugale la rend définitive aux yeux de l'enfant, qui, tout en perdant l'espoir en même temps que l'unité de sa famille, reproduit en lui-même cette cassure tellement la vie affective de l'enfant est prégnante sur la réalité.* » (« Les enfants du divorce », Dr Romain Libermann, *Le Monde*, 17 novembre 1977.)

197. Réponse C. - *Keynésien(ne)* est un adjectif formé sur le nom de l'économiste britannique J. M. Keynes (1883-1946), et qualifiant la théorie économique de ce dernier. Keynes préconisait un développement parallèle du pouvoir d'achat des consommateurs et des moyens de production, grâce à une redistribution des revenus - cette démarche permettant le plein emploi de la main-d'œuvre.

198. Réponse A. - Le *consumérisme* (d'après l'anglais *consumerism*) est le nom qui désigne l'ensemble des actions des consommateurs, groupés en associations et en organisations, en vue de faire prendre leur point de vue en considération par les fabricants et par les pouvoirs publics.

A partir de « consommation », on aurait très bien pu créer *consommatisme* (certains ont même été jusqu'à proposer *consommaction*).

La *consommatique* est le vocable par lequel on entend les études et les recherches en matière de consommation.

Citation : « *Pari gagné par les patrons fondateurs : capitalisme et consumérisme font bon ménage.* » (*Le Matin*, 22 avril 1978.)

199. Réponse B. - « L'équipe de X... a pu se représenter en seconde division grâce à la générosité de la firme Y..., sponsor du club ».

Sponsoring, synonyme anglais de « parrainage », est à l'origine de l'introduction (superflue) de ce mot « dans le vent », alors que l'on dispose de « mécène » et de « parrain ».

200. Réponse C. - Un *logotype* est, en imprimerie, un groupe de lettres fondues ensemble, afin d'accélérer la composition typographique : *fl, fi, ff*, etc.

Par une extension abusive connue en presse, mais non entrée encore dans les dictionnaires, on appelle *logotype*, en matière de publicité, le petit cliché - représentant un sigle, une marque, etc. - fourni à l'imprimeur par les annonceurs. En fait, les termes corrects sont, suivant le type de dessin, « monogramme », « idéogramme » et « pictogramme ».

DU MÊME AUTEUR

La Ponctuation. - Art et finesse (auto-édité, 1975).
Pièges du langage (en collab. avec P.-V. Berthier, édit. Duculot, 1978).
La Pratique du style (en collab. avec P.-V. Berthier, édit. Duculot, 1978).
Savoir écrire, savoir téléphoner (édit. Duculot).
Pièges du langage 2 (en collab. avec P.-V. Berthier, édit. Duculot).
Guide pratique des jeux d'esprit et jeux littéraires (édit. Duculot).
Le Français pratique (en collab. avec P.-V. Berthier, édit. Solar).
Le lexique du français pratique (en collab. avec P.-V. Berthier, édit. Solar).

COLLECTION PROFIL
dirigée par Georges Décote

Imprimé en France par MAURY-IMPRIMEUR S.A. — 45330 Malesherbes
Dépôt légal : 7067 — Mai 1984
No d'impression : E84/14910